中国纺织出版社有限公司

内 容 提 要

本书列举大量实例，介绍了英国时装设计创业者的成功经验。本书面向诸多来自服装、配饰以及鞋类行业创业的企业家，涵盖从法律认知到商业融资等多个领域。对你所需要了解的从市场调研、品牌推广、营销到公关、销售以及分销，还有设计与生产等方面都做了一定的梳理，还包括对于新晋提出的可持续时尚、环境因素等方面的思考，以及时尚科技和社会媒体在时尚中的作用。本书的目的是开拓设计师进行自主创业的能力，以及帮助他们了解从时装设计到品牌运营的能力。

原文书名:How to Set Up & Run a Fashion Label, Third Edition
原作者名:Toby Meadows

图书在版编目（CIP）数据

时装·品牌·设计师：从服装设计到品牌运营 /（英）托比·迈德斯著；杜冰冰译．--3 版．-- 北京：中国纺织出版社有限公司，2021.6
（国际时尚设计丛书．服装）
书名原文：How to Set Up & Run a Fashion Label, Third Edition
ISBN 978-7-5180-8545-3

Ⅰ．①时…　Ⅱ．①托…②杜…　Ⅲ．①服装工业-工业企业管理　Ⅳ．①F407.866

中国版本图书馆 CIP 数据核字（2021）第 086874 号

责任编辑：宗　静　　特约编辑：渠水清　　责任校对：楼旭红
责任印制：王艳丽

中国纺织出版社有限公司出版发行
地址：北京市朝阳区百子湾东里A407号楼　邮政编码：100124
销售电话：010—67004422　传真：010—87155801
http：//www.c-textilep.com
中国纺织出版社天猫旗舰店
官方微博 http：//weibo.com/2119887771
北京华联印刷有限公司印刷　各地新华书店经销
2010年3月第1版　2014年6月第2版　2021年6月第3版第1次印刷
开本：710×1000　1/16　印张：14
字数：256千字　定价：98.00元

凡购本书，如有缺页、倒页、脱页，由本社图书营销中心调换

前言

时尚快速更新的步伐令人难以置信：新的式样、造型、色彩以及新面孔的设计师们，当然还有那些时尚达人们推陈出新的时髦必备品等。这些不断变化的情景给从事时尚设计行业的人员特别是初出茅庐的设计师们带来无限挑战，同时也激发我对此本书进行更新与修订产生第二版的书写。把那些迅速变化的政治气候、加速上升的原材料价格、对产品中可持续性设计理解渴求的不断升级、社交媒体的革命、全球新兴经济体对时尚界激增的兴趣等放在一起来考虑时，做出再修订此书的决定显得更有意义。

在本书第三版中，我扩展和更新了社交媒体的若干部分以反映该领域在传播品牌价值、引领新的趋势、运营有效的广告活动以及最大化销售额等方面的新晋发展。还对在线相关领域的最新发展以及这些发展对您的业务可能带来的影响包括建立与运行有效的网站、在线融资的可能性、基于全球网络实现的销售情况以及新技术所呈现的潜在影响等诸多方面进行整理与补充。

同时，这里还增加了一些新内容，如可持续性与时尚伦理设计以及如何将这些需要考虑的因子纳入商业运作的早期阶段。另外还增加了一些有关快时尚近来发生的转变，如最新的销售模式从传统的一年两季进行发布的方式转变为建立一个完整的系列。

本书中新增的八个案例：第一个是通过合作而打造的时尚创新数字平台；第二个是位于迪拜的独立运营商；第三个是具有独到之处的户外生活方式时尚品牌；第四个是基于社会责任感以及环保意识的主推胶囊系列的品牌；第五个是面向年轻人的巴西时尚品牌；第六个是来自印度尼西亚的经营多种时尚品牌的零售商；第七个是以时尚为导向的手表品牌；第八个是基于企业众筹网络平台Kickstarter而面向消费者的道德伦理意识形态服务的品牌。总体而言，我已经更新并扩展了整个的文本。

时代的变迁让众多时尚企业持续面临挑战，而我坚信等待我们的是充满巨大商机的时代。拥有正确的产品、良好的销售渠道、对目标市场深刻的理解以及一定程度的创新，如此这般，则大多事情皆有可能。继续怀揣梦想吧！

目录

50

介绍：给自己定位

成功地运营一个时装品牌，需要90%的商业敏感力和仅仅10%的艺术才能。多数时装品牌在起步之际都是由设计师自己管理的，尽管他们的设计能力很强，但在商业运作方面，尤其是在品牌成形的最重要阶段，只是个初学者。因此，尽管每年都有许多才华横溢的设计师和工艺师毕业后从业，但很多新进入设计领域的创业者们在启动阶段就失败了。

本书的目标是希望在设计与运营你自己的品牌间建立一个桥梁。它提供了需要研究的一些关键要素等实践经验的概览，有助于拓展、加强以及培育你自己的品牌，从而使你的时尚品牌在激烈的竞争中得到认可。本书可作为最初几年比较棘手阶段的工作指导，同时能够帮助你在创建成功的品牌时打下坚实的基础。

拓展你的时尚事业，如同你在生活中所经历的任何旅程一样，除非你非常清楚自己的起点和终点，否则不太容易找到你需要发展的方向。你最好确切地知道对于运营一家时尚企业而言你是谁以及你希望达到的目标是什么，然后才能制订成功的正确策略。许多初创企业在还没有清楚地给自己定位之前，企图通过花费大量的时间以及紧缩财政开支来尽一切努力发展，却往往事与愿违，这也是那些初创企业失败的重要原因所在。

你是谁?

了解与定义一个企业，需要对如下关键问题做明确的回答：你提供的是什么样的产品？什么市场更适合这些产品的定位？目标客户与受众是谁，他们愿意为你的产品支付多少钱，你会采用怎样的营销/分销手段来瞄准这些目标?

然而，在当今这个时代，消费者面对如此众多的产品类别，因而面临着比以往任何时候都更多选择。就产品本身而言，除了其基本性能，你还希望你的品牌能代表什么——换句话说，你的品牌的价值观。相关定义请参见第9页的提示。

掌控你发展的方向。从一开始就为你的业务确定一个清晰和连贯的战略，会帮你节省时间与金钱。图片来自巴西的时尚品牌FRAM

你想要的是什么?

对于很多人来说，第二个问题可能更难回答。想象你的企业未来会是什么样子是很困难的，但为了实现你的梦想，你和你希望与之合作的人必须清楚地知道企业的目标是什么，这一点是至关重要的。这就是你的品牌愿景。

一旦你确定了你希望企业在五年后会是什么样子，你就有可能得出它在四年后、三年后、两年后甚至十二个月后应该是什么样子了。这种对预见未来的方法又称为“回溯法”。它将有助于你建立关键阶段目标，从而形成你需要回答的第三个问题的基础：你将如何实现你的目标？（参考本书第33页关于设定目标的练习）

记住在刚开始的阶段，你拥有的是一个资源有限的小企业。你分散的精力越多，你能实现目标的机会越少。尽量集中精力

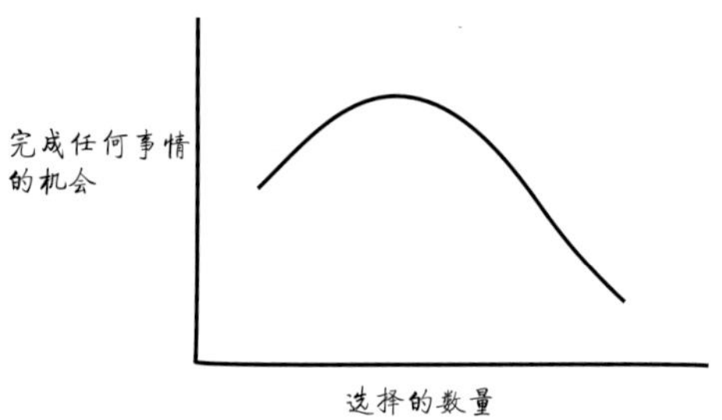

你打算如何到那里?

通过阅览以下内容，阅读相关案例的分析并完成提出的任务，你将了解未来发展道路中的挑战，从而掌控下一步应该做什么。这本书将为集中你的想法、制订你的品牌战略提供方法，它将帮助你培育、壮大和实现你的时尚商业目标。

点A代表你现在的位置，而点B是你想去的地方，你的目标是以尽可能迅速且低成本高效率的方式来从点A到达点B

拓展品牌价值的绝妙技巧

鲁伯特·施里夫（Rupert Shreeve）——时装精品店品牌代理合伙人（junior-london.com）

一个成功的品牌通过可靠的信息源获得准确而有效的讯息。品牌所体现的价值也表现在帮助这个讯息清晰而连贯地进行传递，无论是向外部创意人员介绍公司情况还是来说服你的顾客进行商品购买。

如何定位你的品牌价值

1. 你的任务是什么？

首先明确为什么要做你所做的事以及为什么你认为这很重要。一个品牌的基础创造力（而非财政等）决定了其核心价值。

试着找出你的宿敌：它们也正好是你的对立面。它们是你存在的原因，也是你最永恒的灵感来源。品牌与其说究竟是什么，不如说它不是什么。如果垃圾场里填埋的是你的敌人，那么可持续性设计将是你的任务所在。

2. 什么引起了你的关注？

实际上，目前一些品牌的成功依赖于好的口碑。如果一个品牌没有引人注目的故事作为创新点或立足点，那它在人群中很难被谈及。

与帮助我们表达个人信仰的品牌建立联系有着巨大的社会价值。想象一下，陌生人会如何向朋友描述你的品牌，他们需要一个简单而连贯的故事来帮你传播品牌信息。

3. 你一贯的品质是什么？

无论是设计新产品还是创建市场营销，一个强大的品牌在传递其形象以及信息时，会采纳清晰而准确的语言。

你的品牌有哪些其他品牌无法企及的品质？例如，“奢华感”可以应用于数千个品牌，但当它与“喜马拉雅”以及“悬挂式滑翔机”搭配后，它就变得更加与众不同了。

第一章　时尚产业介绍

了解时尚产业并为你的新品牌定位是保证你的产品和商业良性发展的基础。你需要花费大量的时间进行分析与研究来了解你的产品潜力所在，了解买家、评论家和用户对你的产品期待从而做出如何来展现产品的决定（参见本书第7章）。本章将介绍与时尚相关的三个主要市场：高级时装（Haute Couture）、高级成衣（Ready-to-wear）以及大众成衣市场（Mass Market），还会谈及越来越受关注的绿色环保生态时装。在开始介绍供应链之前，我们将首先对时装设计领域和服装季节性的相关内容进行介绍。

细分市场

从一开始你就需要确定你的产品属于哪个市场范畴及所面对的消费群体。许多管理决策可以说是由消费者的期望所决定，并由此形成你的商业策略。这三个主要的细分市场是高级时装、高级成衣以及大众成衣市场，后两个市场又包含了许多子级市场，在商品和价格上具有大量的变化。

高级（定制）时装

高级定制时装这个术语描述的是具有高档、极致的样式细节设计以及相关配套的完整组合设计。高级定制时装产生于19世纪后期巴黎的一个时装店，现在它仍然处于时尚行业的前端，为那些能够承担得起奢华设计的少数人服务，这些设计尤其适合那些富有且需要量身定做的客户们。更重要的是，对于仍然保留高级时装系列设计的设计师来说，巴黎的高级时装秀给他们提供了展示设计才能的机会，并让我们能够了解那些位于品牌背后、拥有无穷创造力的设计师们。

在法国，高级时装是一个受保护的产业，只有那些符合巴黎高级时装联合会详细定义标准的设计师才能从事这一工作。术语“定做”和“量身定制”可以被用于任何一件专门为某个特定的客户制作的服装，但以往通常运用于男装领域中。许多设计师都声称他们的工作就是定制高级时装，但从技术上而言却并不是这样，而且定制服装也可以被描述成为满足顾客的特定需求而对成品服装进行修改的服务。

2018年秋冬巴黎时装周上岛田顺子的时装秀作品

高级成衣

20世纪60年代，一些时装店开始将服装按照一系列的标准尺寸进行展示与售卖，从而方便人们直接从精品店中购买，此时高级成衣（法语为prêt-à-porter）成为高级定制时装的替代品。由于不需要定制尺寸，成衣更便宜，并且能够很快地适应广泛消费者的需求。今天我们购买的大多数服装都属于成衣这一类型。除了在巴黎每年举行两次时装展之外，在全世界有许多不同的成衣时装周，被重点关注的有纽约、伦敦、巴黎和米兰时装周。如今，高级成衣是高级时装和大众市场之间的一个交集。尽管不是为个人进行服务的设计，但高级成衣在设计与制作上仍然非常的细致与讲究，并且每种服装产品都趋于低产量化，因此使高级成衣更独特与昂贵。

规模较大且较为高端的成衣设计品牌致力于开发从低档到中档水平之间的产品进行销售，如马克·雅可布之马克（Marc by Marc Jacobs）和See by Chloé[1]这两个品牌。通过创建一个单独的商标，设计师既可以更接近广大的消费群，同时也可以保护已建立的一线品牌形象。

通过每年举办两次季节性的时装周，成衣品牌商通常将他们的产品批发到精品店和百货商店里进行销售。他们一般会提前12个月开始准备研究与开发在展销会上销售的样品，当接到精品店及百货商店的样品订单就即刻投入生产。这让他们能够根据订货的数量进行生产，从而减少货品过剩的风险，同时减少给生产厂商初始费用的支出。许多设计师都拥有自己的零售商店，通过直接销售给顾客来减少中间的环节，从而使利润最大化。

时装展周期表（北半球）

月份	时装展	季节
1月	高级时装（巴黎）	春/夏
2月/3月	成衣	秋/冬
6月	高级时装（巴黎）	秋/冬
9月/10月	成衣	春/夏

国际知名成衣品牌有蔻依（Chloé）、古驰（Gucci）、拉夫·劳伦（Ralph Lauren）和博柏利（Burberry），如今成衣市场非常多样化，包含了很多的类别，如奢华、高端、中档以及一些优化了的设计等。每个等级可以通过产品供货商、价格水平、市场策略和分销商进行区分。

近年来一些基于电子商务以及社交媒体的新型商业模式对传统的分销方式带来了一定的冲击与威胁，很多时尚品牌开始以这种模式展开其产业实践与应用。

[1] 蔻依（Chloé）旗下的女装副线品牌。——编者注

左图：英国时装品牌博柏利（Burberry）近来开始采用全新的季节推进销售模式

右图：塔玛拉·梅隆（Tamara Mellon）采用了直接面对消费者发布的方式推出了其新的鞋品系列

即看即买

即看即买的商业模式于高端设计师品牌而言是一个相对较新的模式，当新系列产品在T台上展示后，就可以邀请顾客们到店里购买，而不需要等待六个月以后。这意味着他们每年两次的T台秀及展会已经从以贸易为中心的活动（允许买家和媒体提前预览新的设计系列）转变为以消费者为中心的活动。这一模式诞生于过去十年中社交媒体较为繁荣的时期，特别是T台秀直播这种方式让消费者能够同步尝鲜。很多设计师品牌都采纳了这种模式，包括来自英国的博柏利时装公司，它是最早采用此种新工作方式的公司之一。他们不再把秀场发布的系列按照春/夏或者秋/冬来进行，而是按照每年的2月份和9月份的发布时间来展开。然而，“即看即买”这一模式才刚刚起步，并不是所有的品牌都能拿出有利的报告来认可它对自己的业务带来了有益的转机。

直接面向消费者

直面消费者，顾名思义，是指通过零售渠道直接向购买者销售产品的模式，没有中间人。基于传统的方式，大多设计师品牌依靠批发和零售两种方式来拓展业务。然而，越来越多的初创企业及品牌决定放弃诸如借助传统的零售店进行销售的旧模式，而是更多地关注自己的零售渠道（如电子商务、移动媒体、社交媒体销售以及自有商店）。这样的方式会让企业及品牌自身在定价上有更大的灵活性——他们不再需要考虑商店所获得的利润率还能够和消费者们进行更好的交流。

塔玛拉·梅隆（Tamara Mellon）是时尚品牌Jimmy Choo的前首席创意官和联合创始人，随后她推出了直接面向消费者的同名奢侈鞋类品牌。2016年8月，在接受时尚信息潮流网站Racked的采访时，塔玛拉解释道：“这就是我认为下一代奢侈品牌将要建立的交流方式。我不太相信下一个具有十亿美元价值的品牌会按照之前我们建立Jimmy Choo的方式来实现，因为过去的方式只有批发或者零售。”

大众市场

如今，大众成衣类服装是大多数人们的首选，它比高级成衣适合更广泛的顾客群体。大众成衣被大批量生产，同时提供了一系列的标准尺寸，因此更廉价也更容易被普通消费者接受。设计师通常的做法是参考高端市场为时装界知名人士设定的潮流趋势，通过使用价格低廉的材料以及生产技术，在做到满足消费者品位的同时，生产出物美价廉的时装。然而，大众成衣市场设计师的工作并不仅仅是从时装秀场找素材就够用的，他们通常还需要从其他领域获取灵感。

大众成衣时装在完成生产之后，通过零售分销店进行销售，比如这些品牌（如Topshop、Zara、Gap等）所拥有的专营店。由于很难确切地预测什么样的产品好销，因此存在很大的风险。然而，通过设计、生产，然后以零售的价格进行销售，灵活的价格有利于保持竞争力，因此品牌会创造最大的利润。

你的产品线也应该属于这几类市场运营中的一类。从一开始应该着重于确定你的产品从属于哪个市场并进行深入分析与研究。你需要对众多更小的子市场进行细分，甚至是那些属于每个子市场的分级市场。当前有这样一类发展迅猛且逐渐成为主流的时装市场，即具有可持续性的生态时装。

具有可持续性的生态时装

现如今，在千禧一代消费者的需求驱动下，整个时装行业对于可持续性的资源利用及具有社会责任感的就业和生产实践已达成共识。这也使一些时尚初创企业会将社会责任感的建立当作企业的核心任务，这一现象呈上升发展趋势。

访谈：勒妮·库科（Renee Cuoco）——可持续时尚设计中心时尚与可持续发展 顾问/经理

sustainable-fashion.com

你如何定义时装的可持续发展？

时装的可持续发展可以被看作是时尚行业里一个有助于生态、社会和经济繁荣的愿景。作为当今规模最大、最具影响力的行业之一，时装在应对社会不公以及气候变化等挑战方面发挥着至关重要的作用。时装的可持续发展不是一个单一的定义，它是一种在设计、采购、生产、销售、使用和废弃等过程中考虑到伦理和环境因素的时尚理念。确切地说，它意味着面对一些关键的问题和潜在的影响。例如，水资源以及一些能源的过度使用、化学品的滥用及其污染、森林砍伐、废弃垃圾的处理、劳工纠纷以及动物保护主义等问题要尽量解决。时装与可持续发展之间的关系每天都在不断演绎着，并且

越来越多的时尚设计师品牌将可持续的绿色生态设计理念作为其核心的价值概念。图为2018年伦敦时装周中品牌Vin and Omi的发布现场。

以诸多不同的形式呈现。例如，通过采集可替代的原材料，拓展更为灵活且全新的流程模式，赋予整个设计与生产的过程更多的能动性。

在过去的十年间，时装行业里对于可持续性的设计实践的态度发生了怎样的变化？

可持续性的发展理念在时装产业里从一个较为边缘的位置逐渐转变为目前全行业公认的关键业务领域。从奢侈品品牌到大众化的高街时尚品牌及其零售商们正在通过深入的可持续发展战略来展示他们在这方面的意识，他们通过与日俱增的大胆设想与目标、新技术和新材料的投资与运用来实现。我们看到了更多由行业主导的可持续发展的产品以及新方案与消费者见面。非政府组织和媒体也向公众强调了可持续发展的相关问题，特别是近年来更成为业界强有力的行动号召。

一些大品牌已经承诺通过替代型材料、采购和生产方法等来减少不利的影响，而一些小的时尚品牌则表现出更具创造性的积极反应。想要扭转我们已经在生产与消费中所造成的影响还需要走比较漫长的路，然而基于当前我们对可持续性设计的认知与了解，令人欣喜的是我们有机会来打造一个全新的未来。

消费者们的看法是如何转变的？

消费者可以获得比以往任何时候都要多的信息，同时也可以直接向品牌表达自己的意见与吐露心声。一些时尚变革类的活动让有一些本看起来不可能的事件转变为事实，如越来越多的人有机会参与到时尚产业所面临的一些重要问题里来。显然，公众的整体意识在不断提升，尤其是年轻的一代，他们比较擅于表达自己的主张。然而，除了素食主义以及纯素理念得以在时装界推进，其他的还没有能够成为一种自觉。在西方，我们的消费仍然比以往任何时候都要多，而且速度要更快，在此种情况下，良好的品牌可以发挥其独特的作用。例如，提升其服装的价值感并与消费者们保持良好且持久的关系，超越那些仅仅只是购买的关系。

为什么一些新的品牌在启动与创始之际要考虑“可持续性”？

可持续性看起来对企业的拓展有些制约，然而对于创新而言，这既是一个机会，也是一个新起点。对于人们所生存的社会与自然环境，可持续性理念是对设计与生产进行积极探索的新思路与新契机。那些创立新品牌的人们在积极探索其价值观之际，需思考如何将这些价值观融入商业实践中。当前，企业比以往任何时候都更有责任感，这表现在其对自身风险以及影响的把控以及找寻相应的措施，那些一开始就贯彻可持续理念的企业比后续才采纳的企业进展起来要顺利得多。对环境与社会影响较为漠视的企业算不上好企业——这样做可能会落后于整个行业的标准且跟不上演进的步伐。

时尚科技

时尚科技是一个较为广义的术语，用来描述时尚和科技的结合。这一快速增长的领域涵盖了从所有先进产品——可穿戴技术（如苹果智能手表）、用于开发新产品的新方法（3D打印）、内置“智能织物”的时尚产品生产技术等，到消费者体验时尚消费的方式（在线购物、共同创建收藏、增强虚拟现实以及使购物过程更为容易的应用程序等）。那些光鲜亮丽的时尚品牌、零售商以及斗志盎然的初创企业都在想方设法利用迅速发展的技术来塑造未来的时尚与零售业。

未来时尚

***马修·德林克沃特（Matthew Drinkwater）**——时尚创新机构领军人（fialondon.com）*

时尚创新机构（FIA）的业务领域重点致力于为设计师及时尚品牌提供新技术，帮助他们在制作、销售以及展示新系列设计产品中有所改变且提高。

可期待的未来

沉浸式虚拟现实技术如增强现实技术（AR）、混合现实技术（MR）以及虚拟现实技术（VR）正在兴起。AR和MR可以改变我们看待世界的方式，而VR可以带我们去全新的世界。这些技术将对时装业如何生产、展示以及最终的零售产品等产生巨大且根本的影响。

不过，在时尚界开始充分接受这些技术带来的令人惊叹的机遇之前，需要更加重视并转向采用3D 设计软件。3D设计软件不是刚出现的技术，它变得越来越直观并更利于操作（得到广泛的应用），这类软件能够帮助品牌创建较为逼真的三维模型并且有可能改变供应链以及未来零售的模式。3D技术的应用将会推动消费者们开启面向未来消费的新篇章。

创作过程中新技术带来令人刮目相看的创意设计，如图中的3D打印服装

随着由Magic Leap和Apple等公司出品的新型耳机的上市，移动设备中的人体跟踪和深度传感精度显著提高，设计师们将能通过这些技术构想出更为新颖的产品设计以及商业模式。当在身体上精确放置逼真的3D模型时，消费者们就能够在大批量生产与制造前试穿其期待的时装产品。由此可以进一步设想对于较为全面的数字化产品设计的运作以及其商业模式的可能性。如近来在Instagram坐拥百万粉丝的网红人物Lil Miquela就是一个计算机虚拟人物。来自手机以及游戏行业等数字化消费产品的大量购买与分享，就是一个很好的已存在的例证。

时尚产业里一种逐渐出现的新兴格局正在扑面而来，虽然我们还在尽力探知其全貌，但显然利用和采纳3D技术将是至关重要的。

人工智能与机器学习

现在，人工智能（AI）和机器学习是相当热门的术语组合。这种热度真实存在。在时尚产业里，人工智能和机器学习的组合能够帮助品牌更多地了解他们的消费者，拓展更高级别以人为本的设计。AI人工智能也为时尚供应链以及分销系统的改进与发展提供了潜在且功不可没的帮助，同时也提高了组织内部的工作速度与效率，这些商业契机显而易见。

然而，由于人工智能和机器学习缺乏自身更新与拓展的能力，企业因而在这方面面临一定的挑战。人工智能与机器学习依赖大量的数据，由此企业及品牌需要与更大的技术公司合作以寻求发展。但是，这些合作有可能激发与改变品牌们之前习以为常的工作与创意流程，例如对大量档案数据的分析与研究、建立快速且精准的分析模型、设计与时尚潮流探讨等。

在没有人参与的情况下展开的系列产品设计等所产生的威胁还没有降临到我们的身上，然而在未来的数年时间里，它肯定会进入快时尚零售商们的视线。

来自美国的品牌Everlane坚信“彻底的透明度”理念，在网站上公开他们的成本分析。他们在短时间内取得了巨大的成功

品牌Everlane

来自美国的时尚品牌Everlane成立于2010年，由一位年仅25岁的年轻人迈克尔·普雷斯曼（Michael Preysman）创立的这家直接面对消费者的电子商务企业，标榜“彻底的透明度”理念。该品牌的核心理念是希望用奢华材料向千禧一代提供简单设计的必需品。通过打破传统的零售模式，与客户分享服装确切的成本明细（诸如制作成本、原材料成本、税收成本以及运输成本），并且通过视频向制造商介绍这些成本——Everlane已经成为新一代时尚初创企业的典范，在短短七年交易之后，其估值达2.5亿美金。

设计师Karen Walker从服装起家，同时在太阳镜和珠宝等其他产品领域进行拓展

时装设计的产品领域

尽管时装产业提供了较为宽泛的产品类别给予选择，但在刚开始创业的阶段，最好能专注于某一个领域。你的目标市场越明确，为品牌建立优势的机会就越大，并且能够为买家、媒体和最终消费者提供行之有效的产品。

不同的产品类别对应不同的销售季节——这也意味着需要吸引多元的购买者以及媒体，同时寻找更多的生产商，这些都要花费大量的时间、精力与财力。一旦你的品牌建立了坚实基础，就可以开始考虑产品的拓展了，例如，一些对现有品牌有辅助作用的品类。如果你销售的是女士晚礼服，那么辅助产品可以包括鞋、包、珠宝和香水。下表列出了一些时尚创业可选择的领域。

时尚品牌舒马赫（Schumacher）以及卡伦·沃克（Karen Walker）（参考本书第102页和第68页）都是从几个主要的产品开始并逐渐发展起来的。买家和最终消费者通常更注重产品的质量，因此从一开始就应该注重这些内容。

时尚设计的产品领域

领域	简要描述	市场
女士日装	实用、舒适、时尚	高级定制时装、高级成衣、大众成衣市场
女士晚装	迷人、高端、适合正式场合	高级定制时装、高级成衣、大众成衣市场
女士内衣	迷人、舒适、耐洗	高级定制时装、高级成衣、大众成衣市场
男士日装	休闲、实用、舒适	手工缝制定做、高级成衣、大众成衣市场
男士晚装	潇洒、优雅、适合正式场合	手工缝制定做、高级成衣、大众成衣市场
男士T恤	实用、耐磨、耐洗、经济	高级成衣、大众成衣市场
女士T恤	可爱、色彩丰富、实用、耐洗、经济	高级成衣、大众成衣市场
青少年T恤	非常时髦、经济、舒适	高级成衣、大众成衣市场
运动服装	舒适、实用、透气、耐洗	高级成衣、大众成衣市场
针织服装	合身、应季颜色	高级成衣、大众成衣市场
外套	时髦、温暖、合身、应季颜色	高级成衣、大众成衣市场
婚纱	华丽、迷人、经典	高级定制时装、高级成衣、大众成衣市场
饰品	引人注目、时尚	高级定制时装、高级成衣、大众成衣市场

数据来源：《时尚手册》

季节性

从传统意义上讲，时装的季节是根据气候的变化而定义的，一般设计师把一年分为春/夏和秋/冬两个季节阶段。根据季节，可以分门别类地完成时装设计中诸如面料、色彩、造型等关键要素的设计。通常情况下，家纺产品设计师还会推出盛夏以及节日之际的品类，因而其数量在四季的基础上还会有增加。

在零售管理上，从财务的角度看季节性分类也相当重要。零售管理者会根据季节（时间周期上的概念）确定商品是以原价、降价还是清仓价进行销售。确定商品的在架周期极为重要。尽管剩余的库存会被清仓销售，但只要还有需求，就需要补充库存。

跨季节时尚

如今越来越多的时尚企业绕开传统的气候-季节驱动设计这一理念，打造出全年都较为适应的时尚产品。这一举措一部分原因是由消费者在购买过程中寻求最大的灵活性以及长久性造成的，另一部分的原因是站在全球消费的地域角度上看，不同地带其气候差异造成的。

快时尚

20世纪90年代中期，大型商业零售店向消费者提供时装季的方式发生了一场革命性的变化。由此产生的“快时尚”运动导致人们从传统的一年两季转向周期更短、出新更频繁的多季。快时尚使得如Zara和Topshop等大型零售商每隔几周会推出新的系列产品。通过快速适应市场变化，使他们能够更紧密地跟踪流行趋势，更重要的是，能够更有效地控制库存水平。

大众时尚产业里的快时尚运动起源于Zara，但它对于其他诸如高端时尚市场的冲击与影响也同样存在。早在2001年，来自LVMH的时尚总监丹尼尔·皮特（Daniel Piette）对于Zara的描述是这样的：“它可能是世界上最具创新性和破坏性的零售商。”——创新是因为它是一家提出此种快速更新模式的企业，而所谓的毁灭性是因为它彻底地改变了消费者对时尚产品的期待，以至于现在的消费者们要求不断地增加新产品，即随流行趋势演变且价

设计师的年度交易时间表（北半球）

季节	时间
秋/冬	8月到1月
度假/出游/节日系列（可选）	11月
春/夏	1月到7月
早秋/盛夏	5月/6月

格公道的一类即看即买的产品。因此，许多设计师和高端零售商开始重视在自己的零售日历中推出更具“新鲜感”的产品。随着预售产品系列的增加，他们会在大型时装秀开始之前的几个月，推出更多诸如“Cruise/Resort”以及“Pre-fall”等产品系列（参考本书第十一章）。

快时尚成功的关键在于整个供应链的管理。时尚业务的灵活调整有赖于既快又好的供应链，在一年之中为品牌提供更多的产品系列做好了铺垫，并提供良好时机。全年提供的产品销售策略大概为两季，特别是针对一些小品牌，供应链在此时显得尤为重要。

对于那些希望融入全球时尚日程进行展示与商业交流的初创小企业来说，时尚周期以及日程进展往往由整个时尚产业以及相关的贸易交流活动、时装周的安排等来决定。而直接面对消费者的模式就比较灵活，可以根据业务发展与客户需求等来跟进日期。此外，不同地区以及国家都有着自己在这方面的时间安排及既定零售日期，通常与特定的节日相联系，以此为焦点来做零售的安排也很重要。

快时尚年度交易时间表

季节	*时间*
早春	*1月/2月*
春季	*2月/3月*
早夏	*4月/5月*
夏季销售	*6月*
盛夏	*7月*
夏末秋初	*7月/8月*
秋季	*9月/10月*
礼服	*11月*
圣诞节/冬末春初	*12月*
冬季折价销售	*12月/1月*

供应链在时尚产业运作中占重要的地位，供应链的管理对于品牌的成功至关重要

供应链

供应链是指为了满足消费者的需求，产品从原产地到消费点的计划、实施和控制流动以及存储等整个过程。它受控于高街时尚零售商们的运作节奏，并密切地随时尚潮流而跟进。如果你希望获得更大的利润空间以及减少浪费，就必须有效地管理好供应链。供应链管理看起来是比较复杂的，这几页的图例描述了创立一个小型时装品牌的基本供应链情况（一年批发两次给专卖店、独立零售商和百货商店）及流程。

在这个流程中，首先从确定商业策略——即你所制订的相关目标开始。这些是你的品牌存在的依据及理由，并且每个流程都需要考虑。由此，需要对市场、消费者和产品展开调研，才可以进入设计开发阶段。进行过程中，产品开发时注入的创意与审美渐渐清晰起来。对于多数品牌而言，样品制作通常与设计开发同时进行，在从平面的图稿到三维立体的款式造型的转化过程中逐渐梳理整个系列的开发。一旦样品确凿，紧接着就是批发销售阶段，接受订单并开始系列产品的生产，然后发送到商店。在产品生产的过程中，应当认真协调公共关系和市场环节，确保能够获取消费者更多的关注。一旦产品到货，零售环节就开始了，在此希望给消费者提供更好的了解新品的通道，正如同你所期待的那样，在零售中获得更好的成绩。如果产品销量好，就会提高下一个季节的订货量。

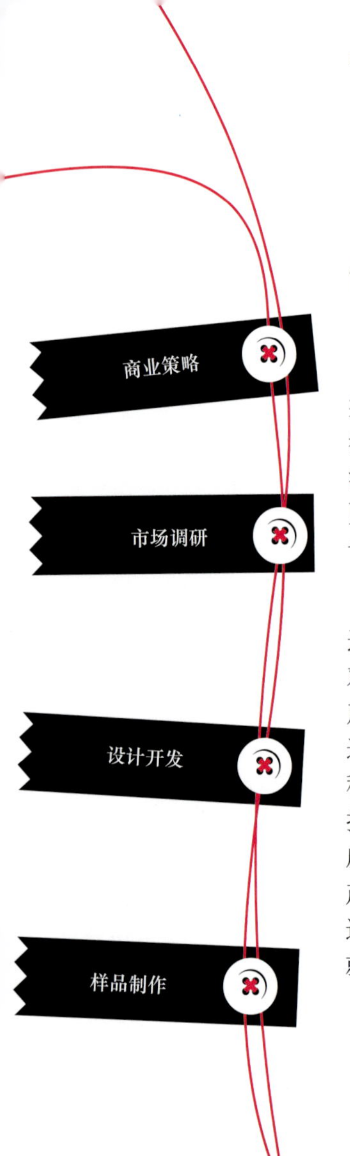

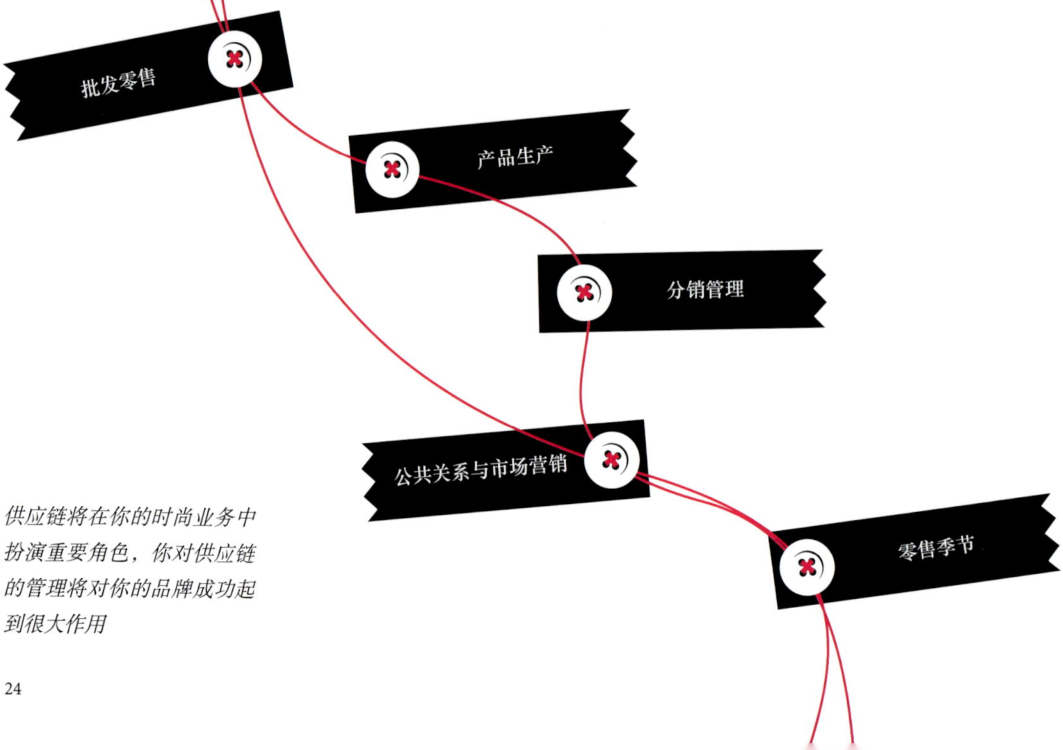

供应链将在你的时尚业务中扮演重要角色，你对供应链的管理将对你的品牌成功起到很大作用

循环供应链

传统的线性供应链长期以来一直被指责只关注制造、使用与处置。新的时尚企业越来越多地转向循环供应链替代模式。其理念在于，当产品一旦达到使用寿命，其核心材料会被回收以及再利用，采纳“少用多做”来总结。这种方式鼓励设计师在创新之际关注如何减少浪费、如何再利用、如何进行循环再生等内容。

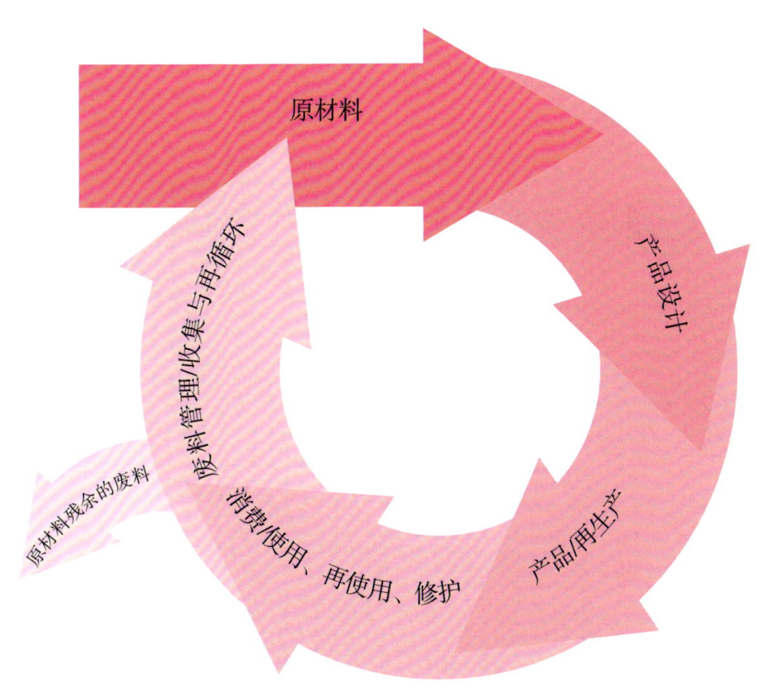

在这个循环供应链中，被废弃的转化为原始材料被再次利用

当你浏览本书章节时，供应链每个阶段的关键要素都将得到深入的解释，使你能够建立对整个系统的坚实理解。

2016年在伦敦成立的AWYTOMARS是一个由团队联袂打造的数字时尚平台。巴西创始人兼首席执行官阿尔弗雷多·奥博约（Alfredo Orboio）解释道："我们出品男装及女装系列，同时，我们在整个的时尚价值链中注重应用互动：与用户共同创造设计、为生产提供资金、促进销售并获得版税。"业务的三个核心价值观在一开始即被确立：创新、包容和共同创造。

设计师将基本理念与设计概要提交后，由AWAYTOMARS的前辈以及公众使用者们给予一定的反馈到董事会。总体设计由AWAYTOMARS来选定并开发，然后在AWAYTOMARS的电子商务平台上作为联袂合作的项目进行公示；部分利润分配给设计师（占比20%）、对设计提出改进意见的相关成员（占比30%）以及对设计的提升有帮助的用户（占比10%）。

阿尔弗雷多并非沿传统路径进入时尚界。大学毕业后，大约有十年的时间他一直在巴西的一家品牌咨询公司工作，专注于时尚与奢侈品，也学习了很多关于"市场营销、品牌定位与认同等"方面的知识。直到在里斯本攻读硕士学位期间，AWAYTOMARS的理念才有所形成。在分析社交媒体平台上共享的时装设计时，阿尔弗雷多注意到那些看起来数量不多但理念非常精彩的设计并没有被人们忘却，是因为人们认为这样的设计有自己的层次，因而不可取代。

阿尔弗雷多从一开始就意识到他需要一个团队，因此他请来了在设计与生产、技术、市场营销、销售和商业管理方面有经验的联合创始人。迄今为止，他们已经从家人与朋友那里获得了两轮的资金——第一轮是在注册之际，第二轮是在一年半之后。

在第一季的系列中，AWAYTOMARS以六个系列风貌推出35款设计，零售价格从40英镑的T恤衫到500英镑的夹克不等。该公司每年推出两个大系列："我们每年在里斯本时装周上分两次展出我们的系列，所以我们仍然是以季节性为主线的发布。"开始阶段，该公司的产品只在线出售，然后是一些弹出式的活动，最后再进行批发。未来的目标是"通过我们的电子商务平台，与选定的国际零售商建立合作伙伴关系，获得我们大部分的销售额。"

该品牌大部分的产品在英国生产，葡萄牙和意大利的工厂生产那些"有特殊需要以及不同专业水准的产品"。从一开始，该团队就选择有社会责任感以及坚持可持续发展战略的供应商。"我们还尽可能优先考虑环保材料。"

与大品牌的合作在提高知名度以及创收方面发挥了积极的作用。例如，与巴西鞋类品牌Melissa的许可经营协议合作，在短短的一个月之内售出了"5万件"，并有机会将其产品与高端零售商进一步接洽，例如，在多弗街市集以及一些开幕仪式中的使用。近来的合作商有米索尼（Missoni）、斯黛拉·麦肯塔尼（Stella McCarteny）、哈维·尼克尔斯（Harvey Nichols）、以及凯洛格（Kellogg）的团队。通过团队的方式来合作在他们看来非常符合品牌的价值观，特别是那些对AWAYTOMARS联袂打造创新平台感兴趣的合作者们，如是认同。

作为一项数字驱动的业务，社交媒体在AWAYTOMARS的营销战略中扮演重要的角色。他们通过Instagram来瞄准客户："这是一个以销售为导向的网站，然而我们会持续发布一些时尚活动。通过视频以及视觉画面来讲好时尚'故事'中有滋有味的内容。"Facebook（脸书社交网路平台）主要用于"推广针对社群成员而联袂出击的一些活动。"

团队因用户而充满能量与活力，同时因不断更新的项目而令人振奋。正如阿尔弗雷多所说："从社区成员那里得到积极的回馈是非常值得的，它激励我们继续向前。这是一项非常艰巨的工作，但我们拥有一切，这是作为一名普通员工所没有的感受。"

AWAYTOMARS是时尚科技运动服饰的领跑者。他们信守自己的口头禅："没有人像我们一样强大！"

第二章　自己当老板

是什么让你认为自己做老板如此有吸引力？在开始投入资金前，为了解决可能遇到的问题，如何给自己定位？本章解释了建立自己的独立业务的优势，并着眼于第一步需要做的工作。这些有利于帮助你树立目标以及最终实现运营自己的时装品牌。

独闯天下

是什么使人们梦想离开朝九晚五的工作去创建自己的事业？

1. 自由：自己当老板，也就是说你可以按照自己的想法制订规则，休假也不需要征询他人的许可，更重要的是，可以自由设定自己的目标。

2. 创造性/梦想：可以按照自己的想法从零开始开发某个产品，以及开拓创建持久产业的机会。

3. 控制权：发言权属于你，并且投资的成功与否掌握在自己的手中。

4. 选择权：到底是使用“苹果”还是普通计算机，上班的时间是早九点到晚五点或者是早十点到晚六点，选择白色的或是黄色的墙壁——诸如此类的一些选择，你可以按照自己的喜好、风格来决定公司的一切。

5. 野心：只要你有能力，你公司的规模可以是能力所及那么大；当然，只要你愿意，也可是较小的规模。

6. 收入：你的收入没有上限。

7. 在家工作：许多新品牌都是在家中开始创建起来的。这就意味着不用浪费时间在交通上。

8. 员工的选择：你可以雇佣你喜欢的人一起工作。

9. 长假：无论什么时候你都可以离开，假期时间的长短也由你决定。

10. 灵活性：只要你认为时机成熟了，就可以开始实施自己的想法。

作为自己创业整件事情的一般性因素，都有其正、反两个方面同时存在，你必须认真考虑这些负面因素：

三大主要因素驱使年轻的设计师们愿意自主创业，这些因素是时间自由、掌控自由、赋予长远潜力的投资财务回报

*1. 缺少支持：*通常当你遇到超出自己能力和经验的问题，没有人能够提供支持。这是一个现实的问题，尤其是在初期，资金不允许雇佣全职甚至兼职的雇员。

*2. 问题止于你：*你是老板，公司的成功取决你所作的决定和投入的工作。因此，公司的实力和你所展现的能力相当。

*3. 资金不稳定：*当供货商要求付款，而你在银行里只有非常有限的资金时，你是最后一个获得报酬的人。如果投资失败，你就会失去所投入的资金。

*4. 24小时/7天的工作：*公司时时处于风险中，即使你不在工作室。如果面临较多的工作需要完成，想要停下来休息一下似乎很困难。

*5. 压力：*自由创业相当有压力，尤其是像时尚产业这么苛刻的行业。

*6. 孤独：*建立自己的事业，尤其是在家独自工作，是非常孤独的。如果你习惯了在商业环境中工作，那么自己单干将是很困难的事情。

*7. 缺少动力：*能够检查你的工作是否达到预定目标的唯一老板就是你自己。如果你不是一个工作主动的人，那么你设定的期限很快就会过去，从而对你的创业产生不良影响。

*8. 既是老板又是员工：*尽管名义上你是老板，但仍然需要自己面对客户群。

快速任务（花5分钟时间）

列出你能想到的建立自己品牌所有可能的正面因素，然后列出所有的负面因素。最后判断，是否正面因素超过了负面因素。

创业之前

一旦你决定自己做老板，并且确定好了你要做什么，你就应当集中你的思路。从一开始，你就需要考虑好10件事情，每件事情都应该认真考虑清楚。接下来，我们会对每件事情进行更详细的讨论。

*1. 评价自己：*你才是成功的关键。你的强项是什么？你想要在哪个领域发展？向周围的人了解一下他们认为你的强项是什么。

快速任务（花5分钟时间）

列出你认为作为一个成功的企业家所应有的关键特性和个人特征。根据列表评价自己，看看你拥有哪些特征。现在把这个列表给你的朋友或家庭成员，看看他们如何评价你。

*2. 和别人谈谈：*和认识的人多聊聊以获得建议，向其他创业者了解他们所遇到的问题。对将会遇到的挑战了解得越多，越能更好地备战。

*3. 确定有商业机会：*提供的产品或服务没有人感兴趣，你很快就会失败。

快速任务（花10分钟时间）

围绕你的创业想法，认真地分析，列出所有的优势、劣势、机会和威胁（参考本书第112页）。把所有的正面因素与负面因素进行权衡，看看它是否如同你开始之际预测的那么好。

*4. 研究市场：*你可能会认为你的想法是非常伟大的，但并不意味着其他人也这么认为。你需要对你的潜在客户群的需求以及他们的消费习惯进行研究。

*5. 获取相关经验：*如果你想开一家零售店，那么先去一家零售店打工练练手。如果你从未在相关领域工作过，那么你如何了解消费者对时尚和生活方式的需求？打工的经历能够让你了解消费者季节性消费预算以及开拓新产品的方向。

*6. 把它列入计划中：*随身携带一个记事本，随时写下每一个好的想法或潜在的障碍，把你的想法进行归纳与总结，最终帮你形成更具结构性的商业计划。

*7. 建立关系：*对每位创业者来说，建立牢固和持久的关系是非常必要的。尽早开始，尤其是与银行等机构建立的联系，让他们支持你的计划，信任你以及你的想法，这些将会在你的现金流趋于紧张的时候获得一些帮助。你也需要考虑如何和你的客户群建立关系。

*8. 获取支持：*获得朋友和家庭成员的支持也是非常重要的。他们需要花时间了解你的计划。当你遇到困难的时候，他们的支持非常关键。此外，你还需要获得时尚行业中较专业人士的支持，包括裁剪技师、印染师、形象造型师和摄影师。尽早开始这些准备工作，以免当你真正需要他们的时候还要浪费宝贵的时间去寻找合适的人选。

9. 寻求专业的建议：你需要一个优秀的法律顾问和精通财务的专业人员，这需要花些时间去物色。他们的专业建议可能是你成功或失败的关键。

10. 记住——收益通常更少，而开销通常更多：对于新人而言，通常对项目收益估计过高，而对开销估计过低。尽管乐观的态度是一个企业家成功的重要因素，但是在你做预测时持有审慎的态度，将会使你避免以后进入尴尬的境地。

建立目标

建立确定的目标有助于帮你专注于商业拓展思路和对活动进行设计。当列出你的目标时——如独立创业，一些目标可能是出于个人的目的（例如想要一个更高的生活标准，自由的生活方式，或者赚更多的钱），而另一些目标可能是基于商业目的（例如期待你的产品出现在知名杂志上，在第一个销售季节希望你的产品在5个主要的商场进行售卖，或者在第一年推出一系列产品等）。对目标的优先级进行评估是非常重要的，因为你的目标之间有可能存在冲突。个人目标（如想要拥有更多的时间和家人在一起）可能和商业目标（在前18个月实现公司的盈亏平衡）存在冲突，因为要想达到盈亏平衡的商业目标需要花费你相当多的时间。因此，从一开始你就应当确定你想要达到什么目的。

在开始确定目标之前，你需要理解目标与目的之间的区别。目的就是一个模糊的总方向，它并不明确也不能准确地衡量，如“我想要做世界上最优秀的设计师”，所以你不应该把目的当作目标。

相反，目标是可以衡量的。目标可能是关于产量的目标，也有可能是个人态度或与个人行为相关的目标。但是，它们是可以衡量且简洁明了的。如同你可以触碰到一个物体，它是确实存在的、实际的和确定的。例如，“我想要被*Vogue*杂志选为年度设计师。”确定目标并把它们写下来，有助于实施目标计划。

并不是每个人都适合自己当老板，因为在进行投入之前需要考虑很多因素。然而，多数创业者都高估了正面因素而低估了负面因素，并且这是他们很早就已经确定的选择。通过对贯穿本书案例的研究表明，对于多数人而言，他们知道创建自己的品牌就是他们必须要做的工作。

任务（用30～40分钟完成如下第一步到第六步的内容）：

第一步：在一张纸的中间画一条竖线，在顶端中间写下**"当前目标"**，在左边的标题中写下**"个人目标"**，在右边的标题中写下**"商业目标"**。

第二步：花10分钟的时间列出你能想到的个人目标，并写在左边的栏中。记住，个人目标是你想要实现的生活状态。

第三步：再用10分钟的时间列出你能想到的商业目标，并写在右边的栏中。记住，商业目标是你想让你的创业朝着什么方向发展的目标。例如，在第一个销售季中达到有5个主要销售商的目标；或者是雇佣一个设计助理协助你，让你有更多的时间处理其他方面的事情等。

第四步：检查一下你的个人目标和商业目标之间以及它们各自内部存在的冲突。在理想的状态下，你的商业目标应当对个人目标的实现有帮助。

第五步：选择3项个人目标和2项商业目标，尽量进行详细列举。采用第一人称将来时态（如我将实现……）写下它们，并确定每个目标的实现日期。

第六步：再拿另外一张纸，按照优先级写下对每个目标的描述。

第七步：在早上起床的时候，大声地朗读这些目标列表，然后闭上眼睛想象每个目标实现的情景。想象你的产品摆在第一个销售店的情景，想象你在第一个时装表演结束谢幕时或者是在加勒比海岸休息时的情景。然后，收起列表，带着信心开始你每天的工作吧。

第八步：每当实现了一个目标，就把它从列表中删掉并欣赏自己的成功。用一个新的目标代替已实现的目标，并重新写一个列表。重复这个过程。

重要之处在于除了和你一起工作或对你的目标有帮助的人，不要把这个列表给任何人看。实现目标将意味着专心和努力工作。没有其他人对你的计划中已经实现的目标进行监督，会减少你的压力。通过写下目标和对实现目标可视化的方法，你会发现实现它们的想法会随时跟着你，这时，你就立刻去实现它们吧。最后，你会发现，一切都按照你的设想进行。

当前目标

个人目标	商业目标
更好的生活水平 自由表述 更多的收入 等等	在第一季度中实现 一年以后实现收支平衡 让产品在主要杂志上出现 等等

访谈Ravi Mattu——英国《金融时报》亚洲新闻副主编，“Business Life”版面前编辑

在企业里，优秀的领导人才应当具备哪些能力？

这个问题没有固定的答案，但一般应当有几个突出的特点。对于那些开始创业的人，我会分为两个主要的技能：经营能力和管控能力。

首先，也是最重要的能力之一，你必须是一个让任何碰到你的人喜爱并且能让他接受你观点的人。无论你是否在和潜在的投资者或者是具有潜力的明星新人谈话，都应当能激发他们。这意味着你要在所投入的领域具有较强的短期和长期规划。你想要获得什么？在5年之内你想要达到什么目标？

其次，你必须能够在组织内部很好地表达和沟通，其中包括你直接管理的人员、需要沟通的店铺销售代表以及服装店中的销售助理。和他们的交流来往能提高决策判断等管控能力，有利于你的商业运作。

举一个不错的案例，来自智能产品苹果（Apple）品牌，斯蒂夫·乔布斯（Steve Jobs）一直以来非常清楚整个公司应该是什么样子：一个令人满意的生产制造商应该出品一些让生活变得轻松快乐的产品。由此，在产品的设计中，也需要注意让客户在购买时感觉到全方位高水准的服务，例如走进Apple的主题店，服务到位这一关键要素贯穿始终，涉及供应链从上至下各个层面。

最后，也是其中最为重要的，你需具备带领团队的领导能力。这是一个老生常谈的话题，但是一个领导者应当努力创建一种并不只依赖个人奉献的文化氛围。这就需要和整个组织内的人进行交流并倾听他们的意见。你必须从基础开始了解你所领导的机构所发生的事情。这也是辨识核心人员的好方法。

这同时意味着不要忘记人性化理念。时刻记得，无论你采取哪种技术、等级制度和管理体系，领导力就是管理人和处理人们之间关系的能力。除非你与他们直接交流，否则你不会成为一个优秀的领导者。

以你的经验来说，在创意产业中处理商业合作关系的关键是什么？寻找商业合作伙伴开始需要做些什么？

许多人开始创业时采取合作的方式主要考虑到以下几点：如果有人和你并肩作战，你会更具有信心且雄心勃勃。对于创意产业来说，很多成功的合作案例都基于合作者的联合。例如，伊夫·圣·洛朗（Yves St-Laurent）和Pierre Berge，Valentino Garvani和Garvani Giametti，甚至还有Paul McCartney 和John Lennon。以上每个案例中，每位合作者都对另一方有着相反且互补的影响，他们作为一个团队合作创作的结果比他们单独取得的成绩要更好。

在创意产业中，确保艺术天才的设计的商业可行性是很关键的。合作者之一专注于审美与创意，另一个则应当考虑如何从中赚钱。所以，理想情况下，你寻找的合作者，其技能不要和你的重叠，而是有所补充。然而，合作者之间应当在商业运作上有相同的观点，包括大局意识（对于企业的发展和最终的目标有相同的愿景）以及企业生存更现实的问题（同样的工作理念，没人感到他/她比另一个人应该担负更多的责任，从而导致负面情绪的产生）。

至于什么在起作用，是由你的商业所处的不同阶段而决定的。因此，刚开始合作的人可能是合适的，但随着产业的发展或者陷入困境等情况发生，你可能发现你们之间的不和谐因素。就像婚姻一样，你必须与合作伙伴共同工作；你可能也需要向他人进行咨询以确保你们之间的关系对商业发展是有利的，并且，有必要的话，可以通过分手来解决商业中可持续发展的问题。

概括地说：不要寻找自己的复制品；灵活一些；不断地总结分析。

对于商业拓展而言，不断地适应变化有多重要？

任何商业创建者们都应该牢记经济学家JM Kenynes的名言："当事实改变，我的思想也应当改变。"创建之初，你可能对你的业务发展有着固定的想法，并且一旦遇到挑战的时候，你会使自己重新树立信心。但事实上，创建企业就像站在流沙上一样——你所处的位置是经常变化的，因此你必须不断地调整以适应新环境。

对于企业家而言，这可能有些困难。一方面，你必须有一个热衷的目标作为驱动力。同时，当条件需要的时候，你必须清楚什么时候调整或者改变愿景的方向。如果你刚开始建立自己的企业，就必须准备好随着因素的变化而改变策略。无论这是否意味着重新考虑商业的类型，改变品牌或者决定向外扩展还是收缩业务，随时随地，你都必须能够置身事外并且真实地评估你的企业。如果事情不像计划那样而发生了变化，你就应当做出调整。记住：很多有创造性的人对于企业来说都有很好的想法，但很少有人能够灵活地随着条件的改变做出调整，从而创建一个成功的企业。

你可能会说管理一个企业如同冲浪一样——你必须适应波浪，而不是仅仅认为站在上面就算成功了。

案例分析：ADAY

妮娜·福尔哈伯（Nina Faulhaber）和梅葛·荷（Meg He）于2015年共同创立了直接面对消费者的品牌ADAY。在ADAY之前，她们分别在高盛和风险投资公司工作。他们希望通过Fusing minimal、无季节款型中融入的织物技术以及可持续的供应链等来为服装制订新的标准。在伦敦推出后的三个月内，她们将业务转移到纽约，此后根据市场的需求打开了一些重要的市场（英国、德国、澳大利亚、加拿大、中国香港），尽管主要的业务是在美国市场。妮娜和梅葛在2016年的《福布斯》（*Forbes*）30名30岁以下的零售电子商务排行榜中均榜上有名，ADAY也被提名为2018年全球最具活力与创新的公司。

她们通过对智能面料及其结构进行充分调研，期望开发一种比当前大多普通服装更持久的产品。“我们的生产策略是由技术、生产效能以及可持续性来决定的。我们合作的每一家工厂和作坊都是根据其专业性以及创新性来挑选的。”她们解释道：“我们在葡萄牙的工厂是世界上技术最先进的工厂之一，当我们打造第一款单品的时候，他们是为数不多能够满足我们需要的技术生产者；再者，他们在减少环境污染等方面也是非常领先的。”

通过七款核心单品，ADAY发布了她们的系列设计。她们决定通过自己的网站开展直接面向消费者的商业模式。“我们从一开始就希望通过与消费者对话来了解他们的需求，因此我们早期不会采纳批发业务。我们仍致力于发展品牌的理念与相关信息，因此我们首先明确这一点，也非常重要，那就是在我们给客户发布品牌的设计创意点之前，从客户那里找到创意契机。”从那时起，他们即着手探索零售市场中的合作伙伴，与其客户具备“高度一致性”。

网络营销一直是其开展业务的核心部分，她们也很快发现当客户们了解其面料的特性并对此有所体验之后，会欣然购买ADAY的产品。“我们互子体验式零售营销独立式弹出活动，在洛杉矶平台上的卡尔斐城中的发布不到一年时间，就取得比较不错的效果。我们每周通过‘欢乐时光’与在洛杉矶的消费者们相约。”

在网络平台取得成功之后，2017年她们开拓了新一轮的活动“简约之旅”，其中针对其客户比较集中的城市（洛杉矶、旧金山、芝加哥、波特兰、伦敦和斯德哥尔摩）开展城市公路之旅。每周的聚会包括早餐俱乐部和欢乐时光，还有研讨会以及手工操作共享等。她们还在纽约开辟了私人购物工作室。“对于ADAY来讲，这样的方式不仅使得团队的专业素质得到很好的检验，同时可以做到尽量节省投资而与客户建立更为深入的关系。”

Instagram是ADAY成功的重要平台。团队由此可以“洞悉人们如何来再现ADAY，从针对消费者的调查问卷中可以找到新一季产品开发的线索，通过设计中较为深刻的故事理念加强与粉丝的互动，通过一些赠物向受众者们介绍志同道合的品牌，并通过较为直接的信息与客户沟通。”就传统的公关而言，妮娜与梅葛认为，对其业务影响最大的是与编辑的长期合作关系。

为了资助这项业务，妮娜与梅葛最初“启用了天使基金，并于近期进行种子轮投，由H&M的Co.Lab牵头。”种子投资者包括牛仔风险、温瑞克（Venrex）投资公司、Truestart机构以及一些注重生活方式品质的企业包括Lyst、Kooples、Deliveroo、Amoreli和Zola的创始人。其他支持该项目的天使投资者来自更大的公司如Bare Escentuals、Net-a-Porter、谷歌、高盛以及Spotify。截止到2018年，ADAY总共筹集的资金为310万美金。

对于妮娜和梅葛而言，积极开拓ADAY品牌的最大动力来自对时尚产业的重新认知，面对我们赖以生存的古老星球以及由于过度消耗和浪费带来的危险，我们将如何审视现在的时尚产业。他们认为“我们通过向同行们提问所学到的东西是无法衡量的，99%的时候，获得的建议与经验之谈可以帮助我们找回所需要的。”

ADAY在时尚产品供应链全过程中注重以下几点：减少投入、无季节造型设计、创新面料驱动设计以及引领注入更多可持续实践经验

第三章　合法运营模式

从一开始，你就需要考虑到底采用什么类型的合法运营模式。在你做决定之前，你需要考虑许多因素。你要自己创业还是和别人合伙？你是否需要大量的资金启动项目？正确的选择会让你节省大量的资金，并且还能避免与合伙人的关系变得更糟糕，这种处理不当的关系也是创业失败的主要原因之一。

并不是所有的运营模式对每个人都适合。好好地与你的法律顾问揣度一番，要记住，随着业务的发展，你会逐渐意识到你所选择的较为独特的模式其可行性与局限性，会在之后有所改变。

独资经营者

如果你想要依靠自己的力量创业，那么独资经营是目前为止最简单的模式，并且没有任何注册基金的限制。一方面，由于你独资经营管理的模式，记账很简单，所有收益都归你所有。另一方面，商业债务也由你自己承担。因此，如果你需要大量的外部资金，选择这种方式风险很高。

如何建立

如果你想独资经营的话，你需要以个体经营的方式进行注册。可以访问HM Revenue & Customs的网站（www.hmrc.gov.uk）并填写CWF1表单。

财务管理和融资

独资经营意味着每天都需要辛勤工作，决定运营方式。多数独资经营者都会在项目启动时注入资金，如果以后还需要资金的话，可以通过银行或其他放贷人进行融资。

服饰品牌Olivia Burton的创始人是两位好朋友（参考本书第189页）

记录与账目管理

独资经营者也就是个体户，需要对每年的税务进行自我评估，并提交给HMRC（税务与海关总署）。因此，你必须对你的销售和开销进行详细记录，以此来证明你的年度账单，所支付的收入税和社会保险都是准确的。如果你不擅长记账的话，可以让你的会计帮助你。

利润、税务和社会保险

公司获得的所有利润都归你所有。当然，作为经营者，你所获得的利润也需要纳税。另外，你还必须缴纳利润固定税率的2级和4级国家社会保险。国家固定税率2级的制定还在商议中，请注意这方面的变化。

责任

作为独资经营者，你负责自己的所有债务。如果你的品牌陷入账务困境并且不能满足偿还义务的话，那么可能需要一定的资产（包括房子）进行偿还。

合作方

如果你想要和更多的人合作，那么合资可能是最灵活、最简单的模式。你和你的合作伙伴共同承担开销、风险和债务，当然也共同分享利润。合作方协商管理决策，每笔商业支出都需要征求每个人的同意。

合作方式除了合作者之间的合作协议外，并没有其他的法律依据，因此，如果任何一方退出、破产或死亡的话，合作方式就必须终止。当然，这并不意味着公司必须停止交易。

如何建立

起草一份合作协议。本书第45页列举了合作协议所包含的内容——你的律师会根据你的具体情况给出详细的建议。如果你选择不起草协议，可能会发现自己没有能力来解决冲突，并让一些小的误解升级为全面争端。

财务管理和融资

对于你来说，尽管把职责委托给雇员是可行的，但是更常用的方式是让合作者一起来管理。大多数的合作方式都是由合作者自己提供启动资金，只有在需要的时候才进行贷款。通常，这种方式下也有一些所谓的“背后”合作者，他们可能只作为投资人，但是并不参与每天的工作计划。

账目管理

每个投资者都以个人投资进行注册，并且每年都需要进行个人评估。因此，合作方式必须记录商业收入和支出。

利润、税务和社会保险

公司所有的利润由合作者共同拥有。每个合作者都需要对自己所分享的利润缴纳个人所得税，并且按规定缴纳国家及社会固定税率2级和4级的保险费用。国家固定税率2级的制定还在商议中，请注意这方面的变化。

责任

每个合作者共同承担债务并对所有的债务负责。在英格兰、威尔士和北爱尔兰，合作者并不是单独负责任（每个合作者都对债务负有责任），而在苏格兰则采用的是连带清偿责任。

有限责任合伙制（LLP）

有限责任合伙制（LPP）和普通合伙类似。一些个人或者公司共享风险、投资、管理和利润。

两者之间不同的是：对于有限责任合伙制，债务对于个人或有限公司而言，仅限于他们投入的资金以及融资时所做的个人保证。因此这种方式对于“背后”的投资人来说是最好的选择。尽管他们投入了资金，但是并不参与公司的决定（可能导致公司的投资失败），当然也避免了因为合伙人的管理失误而造成的额外损失。

如何建立

有限责任合伙制和独资经营以及合资经营不同，必须在信托机构进行注册成立。尽管没有对合伙人的数量进行限制，但是至少需要2人注册为指定的成员，这意味着他们都承担着相应的法律责任（参考www.companfeshouse.gov.uk）。另外，最好起草一份书面协议。

财务管理和融资

对于这种比较典型的合作方式，资金可以由合伙人个人出资或者通过贷款方式获得。

账目管理

你的合作方式和每个合伙人每年都必须到HMRC做自我评估。商业账务每年都必须在Companies House[2]进行备案。每年在公司的年会前，Companies House的相应管理部门都会把LLP363表单发送到公司的投资者手中。投资填写完成后连同相关费用一同返回给Companies House。

利润、税务和社会保险

除非事先协商，否则每个合伙者拥有相同份额的企业利润。个人合伙人按照其利润份额纳税，并根据企业结构交纳个人所得税和社会保险。因此，如果企业的一个合伙人是个人，另一个是有限公司，那么个人将缴纳所得税和国民保险费，而有限公司合伙人将支付公司税。

有限责任公司

大多数英国时装品牌最常用的方式就是有限公司——公司有自己的权利，并且公司的财务和公司拥有者的个人资金是独立的。

公司的拥有者被称为股东，既可以是个人也可以是公司。除非为了获得额外的资金而担保，否则他们不对公司的债务负责。如果公司经营失败，那么个人投资的资金可能会损失。

有限公司的类型有以下几种。

私营有限公司：可以有一个或多个成员，例如股东，他们不能向公众提供股份。

公共有限公司：至少有两个股东并可以上市向公众发行股票。在开始贸易前，公共有限公司必须提供股本总额不少于50000英镑的保证。

也可以建立一个私营无限公司，其中的成员或股东是不受限制的。只有在特殊情况下才会建立这种性质的公司。建议你在建立这种形式的公司前咨询律师的意见。

设计师品牌Knomo在创建有限责任公司时的合伙人

[2] 是位于英国的一个管理全国注册公司的组织。该组织的职责是将在英国本土注册的公司加以汇总，核实并记录该公司符合法律要求的有关信息，并统一颁发Company Number，以达到公司信息真实性、有效性和统一性的要求。——编者注

如何建立

有限公司必须在管理部门Companies House注册，并且至少有一个董事（公共有限公司应当至少2个）入档在册。一般情况下，董事需要配备专业秘书。从2008年10月起，对于私营有限公司不再要求必须配有公司秘书。对于一些有限公司而言，董事和秘书都可以是公司的股东。

财务管理和融资

由董事之一或者董事会作出管理决策，执行公司日常的运营事务。公司的最初运行资金是由公司的股东出资，或者从外部进行借贷，也可以用公司的运营利润进行再投资。

公共有限公司也可以通过在股市出售股份进行融资，但私营有限公司却不能通过此途径得到融资。

账目管理

每年都需要将账目在Companies House 进行备案。每年在公司年会之前，你都会收到年度回馈报告。你需要对报告进行审核。在返还给Companies House 之前，任何改动都需要相应的费用。

公司的董事和秘书都有责任向Companies House通告公司在商业运营管理中的任何改动。

利润、税务和社会保险

公司的利润通常以红利的形式分配给股东，或者作为公司的运转资金。这通常由董事或者董事会自由决定。

有限公司需要把公司的年收益上报到HMRC，并且需要对每个上报的收益缴纳公司税款。

如果公司的董事是公司的员工，则必须缴纳个人所得税和国家一级社会保险。公司还要根据每个员工工资的百分比缴纳额外社会保险。

责任

公司的股东不需要个人对公司的债务负责，但是董事们在融资时进行了债务抵押，则需要对公司的债务负责。

其他商业形式

特许经营

如果你想要买进一个已经成功建立的公司品牌，那么特许经营最适合你。作为特许经营商，你需要购买使用品牌名称、产品、服务和特许经营公司管理服务系统的授权。特许经营公司总部会根据你的专长、管理技能以及你所处地理位置的潜在增长能力判断你是否适合。

社会企业

如果你的时尚公司是由社会目标驱动而不仅仅是盈利的话，那么社会企业是你最合适的选择。对于社会企业，所有的盈余都会重新投入到公司以帮助实现社会目标，而不是分配给股东和拥有人。然而，仍然存在着对于社会企业有关问题的争论；如果你对于自己的想法并不确定，可以去www.social lenterprise.co.uk网站寻求指导。

为了达到要求，你的时装公司需要根据社会目标进行区分。在英国，社会企业商标只能在特定的区域使用，让你能够把自己希望获得的社会收益展示给顾客（www.rise-sw.co.uk/socia lenterprise）。

寻找正确法律支持的绝顶技巧

1. 考虑自身需要，列出你希望通过律师帮你解决的潜在问题。

2. 口碑和推荐往往是找到适合你工作需要之律师的最佳方式。另一种方式是查看你所在地区的律师协会数据库（如英国的solicitors.lawsociety.org.uk）。

3. 多看看——不要止步于你拜访的第一家律师事务所，选择一位你觉得在合作中感觉到舒适愉悦的律师一起工作吧。

4. 一定要找一位在时尚界有经验的专业法律顾问。

5. 确保了解如何为律师们的工作时间付费。

提示：

如果你不确定什么样的公司结构适合你，那么你最好向资深人士寻求建议。你的会计师和律师也会告诉你利弊。也许你是独立经营或协约合作，但由于你需要外部投资，你可能会注册一个有限公司，从而保证你的个人资产。

合作协议

协议内容

合作企业名称：和你的合伙人协商一个合作名称。你可以用你的姓，如 Smith或Jones，也可以采用并注册一个与你希望销售的产品或形象相关的商业名称。合作企业名称不必是你的企业将使用的名称，实际上你可能会决定在你的合作伙伴关系下创建一些不同的子品牌，每个子品牌都有不同的名称。

合伙人的投入：协商并且记录每个人开始时所投入的现金、财产或服务，以及每个人所拥有公司股份的百分比。

利润、损失的分配和提款：决定利润和损失是否按照每个合伙人的投资比例进行分配。决定利润以什么形式实现（以自然月或者年为基础）。

合伙人的权利：协商在签订合同时是否需要具有法律约束力的合伙人之一的同意还是所有人的同意。

公司的决策：你会要求所有合伙人对每一个商业决策都进行投票吗？还是会提供更多的自由，只对重大决策投票，让合伙人自由地做一些小的决策？

管理职责：每个人的职责分别是什么？看看你的合作伙伴在管理上的需求，以及每一个合作伙伴所具备的天然优势。让合作伙伴充分发挥他们的长处与优势，公平地分配主要责任。

接纳新的合作伙伴：在某些时候，你可能通过引入资金和新的合伙人来拓展你的业务。这样就需要你在一开始就制订一个工作程序，以便所有合作伙伴都对有潜力的计划感到满意。

退出合作：协商一个中途退出协议，尝试一个可接受的买断策略。这会降低或减少以后关系恶化的风险。

解决纠纷：当你和合伙人之间针对某个问题陷入僵局的时候，与其寻求法律，不如一开始就商定一个解决争端的方法，包括协调和仲裁。

如果一开始就处理好这些问题的话，可以确保每个合伙人都清楚自己的角色，准备好解决任何冲突的方法。强烈建议你和你的律师一起确定合作协议是否包含了每项所涉及的内容。

案例分析：Knomo

霍华德·哈里森（Howard Harrison，曾做过律师和银行投资家）、贝努瓦·瑞斯科（Benoit Rescue，之前是广告行业的执行导演）和阿拉斯泰尔·霍普斯（Alastair Hops，曾做过零售银行家）在2004年10月创立了Knomoo，专注于设计制作针对都市专业人士的时尚高端箱包及饰品。霍华德解释道："建立这个品牌的想法源于一次不太妙的经历。在伦敦希思罗机场出行时，由于所携带的旅行包很平庸甚至很丑，而和其他人互相拿错了包。我意识到市场上仍然缺少风格独特且时尚的提包，由此Knomo诞生了。

Knomo一开始推出了6种风格系列、总共18个单品的产品，主要特色是兼顾功能与真皮制品，风格。品牌所倡导的理念是"无论生活带你走到哪里，不管你现在在哪里，Knomo都会陪伴你，它也是你的移动办公伙伴。"公司迅速壮大之后，产品范围也扩展到男士包、女士包、便携式公文包以及小型附属品等，零售价格从29英镑到349英镑不等。

前三年商业运营都是依靠自己的财力支撑，每个董事会成员都投入一部分资金作为启动金使用，并且决定在运营的前两年中不从公司取出一分钱。他们还可以通过银行在由政府支持的小商业贷款计划透支一部分资金作为保障。通过贸易（进口）和发货票据的债务资金形式，使现金流变更容易一些。阿拉斯泰尔说："由于现金非常重要，因此要管理好你的现金流，并且确定你有友好的和可以信任的银行家。"Knomo用了15个月的时间实现了收支平衡，他们认为来自网络平台上的贡献功不可没。

他们对英国国内市场和全球推广有一系列的销售策略。"在英国我们采用了批发模式，针对适合我们的零售商，我们会直接和他们联系（而不是通过商品展销的方式）。除了Harrods（位于英国伦敦的哈罗德百货公司）百货是在2006年完成的，在前12个月中，我们把Knomo送到了英国所有高级百货商店。"

在第18个月时，他们把产品带到法国和德国的贸易展览会上，但结果证明，对于这个品牌而言，这样做为时过早。在品牌建立的第二年，他们就开始与海外主要分销商联系发展海外市场，并且已经有了50%的合作概率。同时也认识到，对于他们的产品类型而言，美国代表着最大的市场，并且花费了12个月的时间研究如何才能成功进入美国。和一些潜在的分销商联系后，他们考虑到美国发展，并且与经验丰富的美国搭档合伙，共同开发美国市场。霍华德说："我们最近在美国建立了共同的投资项目，并吸引了一些合作者。我们把产品授权给他们，并且拥有50%的份额。"

2013年，Knomo重塑了品牌形象，从百货公司的箱包部搬移到手提包主层。2017年获得成功热卖后，他们在伦敦市中心开了第一家店铺。"我们希望打造一个能以各种方式真实反映我们品牌的空间。"

知道什么时候和哪些人接触、接纳其他人的建议和开设网站的方法，对Knomo品牌至关重要。"由于对这个行业没有什么经验，我们向相关行业的专家、零售商以及客户们学习了许多经验。"他们在网络上获得成功的秘诀就是："经常和尽可能多的人交流，咨询大量的问题以及提供娱乐！"

将网络运营策略和产品的创新相结合，Knomo认为这是他们品牌成功的两个主要原因。到目前为止，他们认为确保有一个独特的卖点（USP）是至关重要的："如果你不脱颖而出，你将永远不会被注意到。我们成功地将较为智能的设计和创新的功能相结合。没有好的产品，就不可能拥有市场。最终，他们的动力来自于创造伟大产品的激情和重塑传统沉闷乏味行业的挑战。"

KNOMO LONDON　WOMEN　MEN　TECH　OUTLET　ABOUT　BLOG

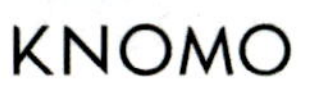

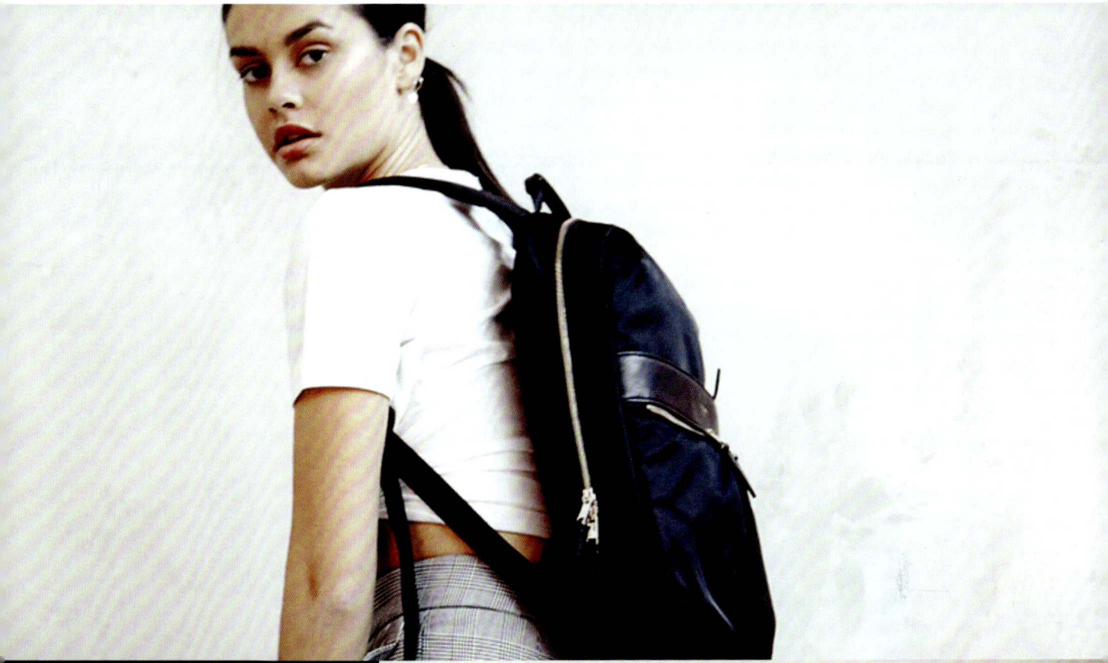

人便携包开始，Knomo已经把他们的产品拓展到涉及几乎所有的产品系列

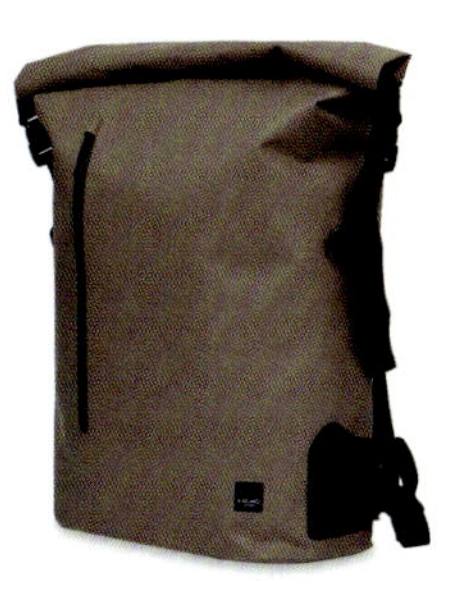

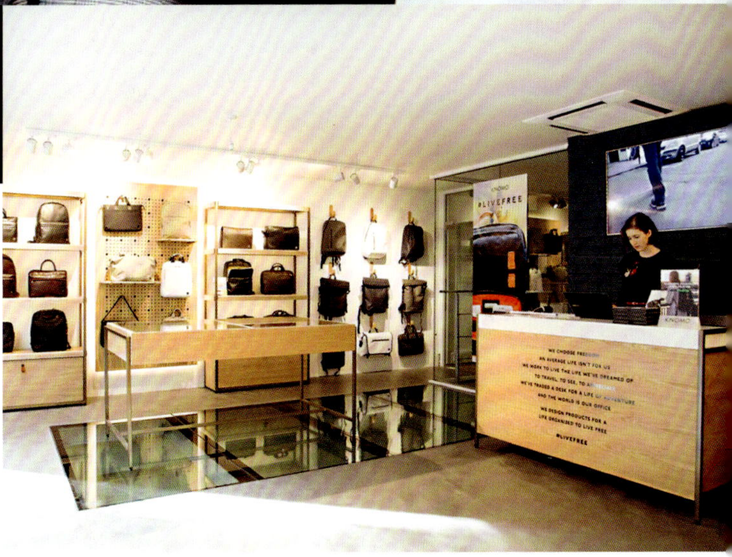

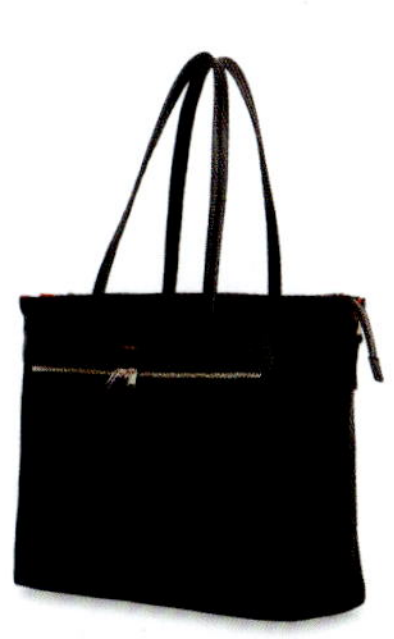

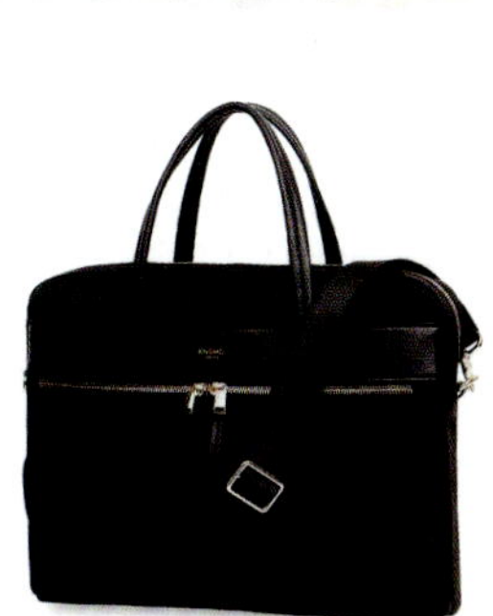

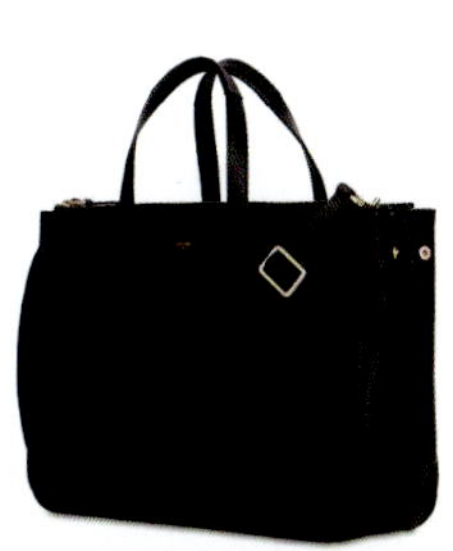

第四章　品牌名称应该包含什么？

一个好名字是一个好品牌的开始。对于你的品牌而言，最好的名字就是能够让你的顾客轻易地记住，并和你联系起来。你的品牌也可以作为一个商标进行保护。在时装行业，一个合适的名字和logo（标志）尤为重要。这是由于它们是树立品牌整体形象必不可少的组成部分。本章介绍了选择名字和设计logo的过程。在开始之前，想出至少2个或3个名字是很重要的。第一个就是品牌的名称，也被叫作“标记”“牌子”或“标志”。第二个就是商业名称，也就是如果公司是以某种方式合作时所使用的名字（参考本书第三章）。第三个是域命，也就是用于网站的地址。

品牌名称

品牌名称就是你的产品的标志，也是这三个名称中最重要的。它能够将产品与其他公司的区分开来，从而不会让顾客弄混。选择名称的重要性有很多：

- 通常这给你的顾客打下了烙印。
- 名称是可见的属性。
- 它是所有市场推广产品的基础，包括从店面到购物袋、吊牌到宣传画册。
- 名称蕴含了品牌的特性，所以你要让它具有独特性，容易被人记住。

首先，看看你的竞争对手是否有值得你参考的方面。对于高端顶级设计师来说，常常使用他们自己的名字为品牌命名，因为他们是品牌背后最受关注的焦点，如马克·雅可布（Marc Jacobs）、约翰·加利亚诺（John Galliano）、亚历山大·麦昆（Alexander McQeen）。每次你从这些品牌中买一些商品，也就是买了一个设计师的创作，因此名字带来了附加值。与此不同的是，在繁华商业街的零售店中，我们能够看到Gap、French Connection、迪赛（Diesel）、Miss Sixty这些品牌。这些商标并未透露有关设计师的信息，但通过市场营销和广告活动，品牌更容易被人们记住，并且反映了产品的类型和品牌的特性。

知名品牌Jimmy Choo

通常那些能够反映出行业和客户特点的名字最有效——即使名字没有确切地描绘出品牌代表的含义。因此，你需要确定你的品牌或产品所要展现的类型——例如，高高在上、独树一帜的，大众的、喜闻乐见的，女性化的、男性化的，休闲运动的、新锐激进的，等等。

你想让你的品牌名称反映出你的产品特点吗——服装、饰品、珠宝等？或者抽象的东西更适合你？
你想使用自己的名字吗，把你个人的特点、内在形象和产品联系起来？这很值得考虑，如果有投资者买下你的公司以及品牌的名字，那么就会剥夺你在商业上使用自己名字的权利（如Roland Mouret、Jimmy Choo和Jil Sander）（参考本书52页的商业名称）。同时，为尽量避免发生名称相同而产生昂贵的法律诉讼等情况，请合理检查名称有否重复。
你是希望取一个较为传统的名称，代表耐用、经典等品牌价值，还是希望用比较现代且时尚的名称来展现新颖、创新的品牌风范呢？

尽量让你的名称令人难忘、容易记忆，并且和你的产品相关联。

通常法律上把品牌的有关内容分为四类：第一是属性（Generic）商标，第二是描述性（Descriptive）商标，第三是联想性（Suggestive）商标，第四是随意性（Arbitrary and Fanciful）商标。避免使用属性商标，举例说明一下，如果“Jeans”这个名字作为牛仔裤的商标就需要有所避免，因为它不能将一家厂商的产品同另一家厂商的产品区分开来，并且其他人在贸易过程中也需要使用这一名词。描述性商标经过一段时间的使用或推广可能具有识别性，但永远不能对第三方使用它作为一个词或者句子进行交易、描述而提出异议，甚至在全球市场中你会发现，不同地区有不同的处理方式。在某些国家，如美国更是如此。如果联想性商标只是建议而不是描述产品的一个特性，那么它具有识别性。随意性商标的识别性是最强的。

需要注意的一些事项：

通常情况下不要使用品牌的名称或属性商标来进行描述，如不要用“关心你的古驰（Gucci）”来描述一双Gucci鞋。不同的人对于商标的使用有各自的目的——好的或是坏的，有许多场合需要用到品牌的名称，所以，品牌拥有者应当坚持品牌名称的有效利用。如果你还没有一个属性商标名称，那么就设计一个吧！例如“VELCO”这个专有的词指的是把一些东西组合在一起的意思（通过英语词汇中对某种织带不同方向的描述而把其交织在一起获得的名称，对这种织造物品的综合属性有较好的表述）。

不要采用任何不道德的、可耻的、欺骗的、虚假的、贬低的，或者采用使个人、机构、宗教信仰、国家荣誉受到蔑视的名称。
不要忘记获得使用活着的人的姓名的书面允许。
着眼于未来，不要使用很快过期的词或短语。

为产品选择的名称相当重要，名称可以用在很多种介质上来展示，例如手提袋。花点时间为你的产品想一个合适的名称吧

- # 如果你想要发展海外业务，那么就需要注意，针对你的目标客户，避免使用不符合当地语言环境的名称。
- # 为你的顾客着想，不要使用太长的名字、奇怪的单词、特殊的拼写或不好发音的名字。
- # 不要把你的品牌名称和商业名称及域名混淆起来（参考以下内容）。

保护你的品牌名称

一旦选择了品牌名称，你需要把它注册成商标，以免其他人也使用这个名称，将其用到一个新的产品或服务上。首先，你需要查一下它是否和现在正在使用的商标过于相似。如果你现在不进行商标注册（看似目前为你节约了时间），将来会给你带来争议与烦恼。可以访问Property Office网站（详见本书第218页），看看是否有人已注册了该品牌名称。

你也可以在Property Office网站上完成注册。完成一类商品或服务的注册费用大概需要200英镑，每个子类还需要交纳50英镑（共有34类产品，但只有几个和时尚直接相关）。一个商标的注册过程可能需要6个月或更长的时间（通常时间都很长）。

商业名称

商业名称就是你的商业以什么名字运营。在独资经营结构（见第39～40页）中，品牌名称和商业名称为了简单起见，可能是相同的。然而，建议你采用受永久保护的商业名称。在这种结构下，品牌名称和商业名称是法律上独立存在的，尽管通常情况是商业实体拥有品牌名称，且品牌也是它的资产的一部分。

对于Knomo而言，选择一个名称并不是件容易的事情。贝努瓦·瑞斯科（Benoit Rescue）解释说："我们努力思索这个品牌的含义，同时也想到一些与技术相关的附属品牌的事情。'Knomo'被看作是知识（Knowledge）和运行（Mobility）的结合，似乎是最合适的，尽管有些不寻常，但人们似乎更容易记住我们！"

nó mó
KNOMO
KNOWLEDGE + MOBILITY

你可能以某种方式和别人进行商业合作，并且在名字后加上"有限公司"字样，或者以合伙人的名字运营，那么相关名称可以独自进行描述（如Guccio Gucci S.p.A是其在欧洲业务中的商业名称，而Gucci是品牌名称）。避免在做广告及促销时发生品牌名称和商业名称之间的冲突或混淆，用独特的方式呈现品牌，避免使用商业名称。如果你必须使用商业名称，那么应当在广告中留给它完全独立的空间。

注册商业名称

如果你想要建立以有限公司的话，你就需要注册商业名称。你可以进行价格比较合理的在线注册，也可以聘请专门的代理机构。当公司建立之后，你需要提交公司各合伙机构的备忘录以及商业名称。备忘录通常包括公司的注册地址以及公司的经营项目。对于不同类型的公司可能还需要其他必需的信息。这会防止其他公司使用和你公司相同的名称，但是这并不会保护你的品牌名称。被注册为商标的品牌名称，如果被第三方当做商业名称使用是犯法的。多数消费者更关注商标，所以将品牌名称注册成商标也是值得考虑的。

域名

域名就是互联网地址，技术上成为唯一的资源地址（URL）。为了通过互联网提升品牌知名度，域名是必需的。你可能希望用公司的名称创建一个网站和邮箱地址，所以检查一下你想要使用的域名是否已被使用。避免第三方不正当竞争的最好的保护域名的方法，就是确保域名地址的关键部分［二级域名——在前缀“http：//www.”和顶级域名（TLD）“com”之间的部分］带有注册商标的品牌名称并且是唯一的，因此对于第三方触碰二级域名的行为可能是违法的。如果你用的名字已经被使用，那么你可以尝试使用不同的名字。对于一些人来说，注册域名然后把它们卖掉获得收益，所以你也可以购买你选择的域名。在注册域名的时候购买许多后缀是一个很好的主意，如“.com”“.net”“.co.uk”等。这样做的原因有两个：第一，当人们想要访问你的网站时可能输入不同的后缀，这意味着你可以把所有的后缀都重新定向到你的网站；第二，可以防止其他人注册相同的网站地址。

记住，你的域名是在网络上进行访问的，并不是你的品牌名称或者商业名称。你的品牌名称必须注册为商标，商业名称定义了你的商业的合法实体，而域名是为了信息搜索或网络销售，在互联网上的电子地址。

结论

当一名顾客看到你的产品或者听到名字时说“我知道它”的时候，你应该明白你成功地起了一个好名字。你需要让你的顾客尽可能快地了解你的品牌形象。如果他们从看到你的产品、名称和标志（logo）的那一刻，便了解了品牌背后的故事以及所反映的风格，那么你就已经在成功的道路上迈出了重要的一步。

名字是独特的、重要的，对公司和产品的提升起着积极的作用，所以要花点时间找个好名字。这如同给自己的孩子起名字一样，是会永远陪伴你的。

设计师在设计高端市场产品的logo时，把言简意赅作为设计主旨

时尚Logo

尽管很难评价标志（Logo）对时尚行业的成功在总体上所占的影响有多大，但是其对于创建和维护一个品牌的形象是至关重要的，也是品牌获得成功和收益的主要理念，并且能够给潜在的顾客透露出品牌产品和服务的基本理念，并且能够提升品牌的全面认知性、可靠性、真实性。

作为一个新的品牌，你需要努力让人们注意到你，所以你必须在吸引客户注意力和你的想法之间进行平衡。让客户记住你、考虑未来发展以及保持简洁性都很重要。成本低且有效的Logo秘诀就是简明扼要。Logo是市场决策的一部分；它不仅是一门艺术，还是一种交流手段。

提示：形象就是客户对你的产品和品牌的认知，而不是你想要它如何被认知。

主旨

主旨是时尚Logo的重要元素，应当能够清楚地表达品牌的风格，这也是为什么多数时尚品牌都采用公司的标志或首字母作为Logo的主旨。例如，拉夫·劳伦（Ralph Lauren）、路易·威登（Louis Vuitton）、佛莱德·派瑞（Fred Perry）和阿迪达斯（Adidas）等品牌。

字体

字体的选择很关键。多数品牌在标志里除了名称之外没有任何品牌化的东西。字体体现了设计的个性化，展现了Logo的独到之处。正如选择公司名称那样，字体也会决定你想要向客户展示的品牌理念。

色彩

时尚Logo趋向于采用高感知度的色彩，如红色、黑色、白色或金色。当然你可以使用任何一种色彩，重要的是你还需要考虑到Logo的背景色彩是否合适，但是高感知的色彩更能给人一种积极的感觉。

快速任务（花10分钟时间）

写下品牌的名称，字体不限，设置字体大小为20point。在纸上复制100次，并给每个复制版设置不同的字体。剔除任何你认为不符合你品牌形象的字体，把剩下的钉到墙上，再仔细地选择。

树立形象是一个主观的过程。直到商业卡片被印刷出来、缝上商标和附上吊牌以后，你才能够了解客户对它的喜爱程度。此时你才能知道Logo的设计是否成功。

提示：

Logo是品牌标志的创造性展示，也是将品牌的精髓传递给客户最强有力的市场工具。

Logo设计

马尔科姆·克鲁斯（Malcolm Crews）——图像设计师/艺术总监，纽约

在进行Logo设计前首先需要决定一下内容：

1. 你的产品是什么。休闲装、时装、运动装还是饰品？男装、女装、男女装还是儿童服装？

2. 你的客户群是什么。建立一个直观的、理想中的客户群，也就是这个品牌所面对的代表人群。

3. 价格的范围是什么。高端、中档还是大众化？

4. 视角（POV）。为品牌制订一个视角形象并坚持维护它。

5. 品牌的名称最好能够展示出你的经历（设计者的名字不一定是品牌名称最好的选择）。

一旦确定好了这些内容，你就可以开始设计了。Logo的设计能够吸引潜在的客户，而他们在最初是看不见产品的。字体、色彩和主旨都能够体现出你的设计理念。

设计Logo时需要考虑的方面

想让Logo和字体的风格结合起来吗？雇用优秀的图像设计师或艺术总监有助于你开发Logo。尽可能地给出足够的信息和指引，才能真正地体现或非常接近你的观点。
想让Logo的主旨独立于字体的风格而单独使用吗？
只对字体进行处理吗？

易读性

理想情况下，Logo的设计能够经得住时间的考验。
你需要一个现代的、经典的还是古典的Logo？
Serif和Sans-serif字体是体现品牌背景最简单的方式，并且能够让客户想起不同的风格；尽管早期的报纸和传单都采用Serif字体，但Sans-serif字体看起来更具有现代的、简洁明快的风格。

在最终决定Logo前，检查一下内容：

它是否体现了品牌的形象和发展方向？
它容易理解吗？
它是否不受时间限制？
它是否具有多种用途：打印、缝制、正面和反面？在各种尺寸下都能辨认出吗？

建立Logo的标准规范

无论Logo多么简单或复杂，随着品牌的发展，特别是当你开始接洽外部供应商时，为了达到Logo的统一，设定Logo的标准规范就很重要了。

字体示例

SANS-SERIF

SANS-SERIF Oblique

Logo标准示例

Logo的颜色是黑色或基调色调。
在用于标志或包装的时候，Logo的尺寸不要小于1.27cm。
如果用于市场或广告目的的话，Logo通常出现在右下角，距离每个边缘1.27cm。
除了吊牌或其他市场材料以外，Logo不要出现在任何时装的表面。
陪衬的Logo通常使用Helvetica粗体，并且不要超过Logo尺寸的一半，但要大于Logo尺寸的1/8。

LOGO

font: Helvetica Inserat Roman

fig.1

案例分析：FARM

凯蒂娅·巴罗斯（Katia Barros）和马塞洛·巴斯图斯（Marcello Bastos）于1997年在巴西的里约热内卢创立了FARM品牌。目前，他们是巴西最大的面向年轻女性的电子商务平台之一，其店铺遍及巴西各地。然而，这个品牌是通过重建而获得成功的。FARM的创意总监凯蒂娅毕业于会计专业，她曾在巴西的时尚品牌做销售，而马塞洛在报纸和杂志发行部门工作。20世纪90年代的中期，在家人的支持下，两人在里约热内卢投资了一家专营服装店。由于销售额一路下滑，凯蒂娅开始自己生产服装，在没有特许人同意的情况下企图收支平衡。他们最后失去了两套公寓和三辆车用来还债。

后来，他们专门针对来自Carioca（里约热内卢）的女性展开设计和品牌的开发，价格公道且色泽亮丽多姿。他们这次只用自己的钱来投入："可以说我们产品的颜色来自阳光的着色，热带的气氛非常浓郁，你可以通过我们的单品感受FARM将这种气氛通过印染和图案来进行转化"。他们在里约热内卢的一个新兴时尚市场站稳了脚跟。由凯蒂娅打造的新风尚很快成为了热门。在那里，他们开了第一家品牌概念店，并开始在巴西境内做推广与批发。之后，他们又开了69家店铺，同时开拓了电子商务业务。

他们自己开发完成100%的设计，且大部分产品都在巴西生产制造。"我们只进口那些基于创新+质量+价格+运输等特殊要求且巴西国内没有的东西"。他们的第一批海外战略供应商是来自西班牙的印染合作伙伴。"目前我们每年要开发300多幅印染产品。"他们还认为可持续发展将是推动品牌业务拓展的重要因素。实践也在不断进行着。

该品牌增长的关键驱动之一是专注于开发品牌道德感官体验："FARM是巴西第一家开发带有香味气息产品的品牌，以至于在他们的店铺或摊位前，由于那些使用香料的产品导致了交通堵塞（目前这种香味产品是品牌畅销品之一）。

2010年，他们将FARM一些合伙人的股份售卖给巴西另一家成功知名品牌Animale。"我们能够扩大规模，使财务管理更专业，并开始以22%的平均速度增长。"在巴西，他们每年销售超过360万件的服装。

对于Carioca式时尚理念的较好诠释是品牌得以迅猛发展的重要因素。"我们是巴西第一个拥有品牌拓展团队的时尚品牌之一，我们有自己的公关部门。我们只和我们自己的数字媒介代理商来购置相关产品。创意100%来自公司内部的原创设计，我们认为这能保证产品的一致性和创新性。"这种对待产品的态度也是为什么国际知名品牌阿迪达斯与该品牌进行原创合作，开发适用于全球范围推广系列设计的原因。

品牌产品系列的发布时间从来都不按照全球固有的时装发布季或时装展来进行，"我想我们的时装展演舞台应该在沙滩上。我们愿意呈现真实的自我，因而不太参考流行趋势，这也许是我们成功的秘诀。"

他们认为口碑营销是他们成功的重要方式。"20年来口碑是品牌营销最有效的方式。在Facebook上发布信息很有效，对于品牌的相关内容以这种方式让大家来感受，我们乐在其中。目前，Instagram是让世界了解我们的主要窗口。"

针对一些问题，"我们认为目前面临的巨大挑战来自生态设计，优秀企业的良性运作是基于当今资源挑战，从而很好地调整其商业模式来发展的。在不断推进中，我们希望能够成为这场运动的一部分，带给人们以及世界一个更好的时尚企业。如今，一些模式与实验都充斥着新的理念。在将来，希望FARM能够真正做到这一点。"

FARM品牌是在里约热内卢的一个市场摊位上谦逊地发展成为巴西领先的时尚零售商之一，包括与全球知名运动品牌阿迪达斯（Adidas）的合作

第五章　在家工作和建立工作室

建立一个好的、实用的工作环境是成功的根本。许多有报负的设计师由于实际情况和资金的原因，在起居室建立工作室，当然他们仍然需要一定的工作空间。本章将对在家工作和建立工作室的优劣进行整理，分析买家和评论家如何感知你的工作空间。

在家工作

创业初期，保持低开销是维持资金稳定的重要手段。在家工作是节省资金的好途径。然而，你需要权衡利弊，确定从长远来看是否能够节约资金。

利弊

优点

不需要交通；节约租金；工作时间可以穿着睡衣；早上8点半起床，9点就可以开始工作了。

缺点

工作空间很容易占用生活空间；很难分开工作和休息时间，如晚上和周末的时间；容易被家人打扰；家里不是一个可以用来开会的理想场所；和一些重要的买家交涉与请教时，还是得找个比较适合的场所。

你有足够的空间吗?

如果家里空间足够的话，你需要隔离出合适的空间用于工作。

计算出你需要多少空间

这依赖于你建立的商业类型。如果你想要按自己的样板裁剪和制作样品的话，你需要很大的工作空间。如果是直接通过网站销售产品，你就需要足够的、不能影响家人休息的储存空间。如果你把所有的事情都外包，一个带有少量必需品的工作台就足够了。

确保你的空间设计既赋予创意又适合制作加工产品，让周围的布置也有一些气氛吧

分配专用的工作空间

应当为你的工作分配一个永久的空间，理想情况下应是一个单独的房间，而不只是一个角落。尽可能地把工作时间和个人生活时间分开，当你需要工作的时候就把门关上。

保持灵活性

你所分配的空间会给你所需要的灵活度吗？有时需要一个设计室、适合销售展示的空间、仓库或者是配送中心，让空间适合活动，摆设便于搬动的东西，是比较好的方案。当你在家分配了一个空间之后，测量出你所需要的空间大小。画出房间的布局图和家具及设备摆放的效果图。

设计合适的照明

经营自己的生意需要大量的精力和热情，很差的工作环境光线最消耗人的精力和热情。光线差可能引起头痛、眼涩和疲劳。选择带有窗户的房间可以提供一些自然的光线。计算机后面的浅色墙面能够减少眼睛的疼痛，而一个好的可调节的台灯能够提供适应不同环境的光线。

建立良好的第一印象

工作环境能够体现你和你的产品的很多方面，所以尽可能地让工作空间不要太接近入口处。如果工作空间给人产生不良印象，那么尽可能在外见面，如租用会议室或展览室。

利用好空间

无论你的工作空间条件多好，你都需要充分地利用它们。

条理分明

尽量让工作空间使你的工作效率和工作流程最大化。知道每件物品的摆放位置，把关键的物品如电话、计算机和缝纫机器摆放到主要的工作空间中。

整洁

让你的工作空间保持整洁，可以采用标签来帮助你。每天工作结束后整理好工作空间，准备第二天使用。

存储空间

花点时间考虑一下你的储物需求。壁橱为我们存放文件和办公用品提供了有用的存储空间，而且不占用地面空间。另外，你可能还需要抽屉存放装饰品、纽扣以及扣合物等，以及用于挂摆样衣的衣服架。

考虑多种功能

当空间不够用时，可以购买多功能的家具或设备，如一体式打印机、扫描仪和复印机，或者是可以提供工作台的储物柜，最好是可以移动的家具。

经常清理

把没用的东西从工作间中拿走。它们很可能会使你分神，从而影响你的工作效率（如电视机）。然而，你的工作是一个需要创造力的行业，因此不要把那些能够激发你灵感的东西挪开。

实际问题

为了能够按照计划进行，你需要考虑以下一些事情。

法律和保险

如果在家工作的话，法律上要求你需要通知房东或房屋抵押借贷人。这是由于你的行为属于半商业方式，提供最初的抵押协议是无效的，你需要提供专有的抵押协议，并且你的借贷人也需要你提供这份协议。检查一下房屋保险。如果房屋保险中不包含在家工作的协议，你就需要单独附加一条协议。标准的家庭工作保险包含以下内容：

商业内容。
雇主和公共责任险。
诉讼费。
业务中断保险。

其他可以选择的内容包括：

房屋保险——包含你的家庭业务范围和房屋的意外损坏。
家庭财务保险——家庭财产的意外损坏。
个人财产险——把东西从家带出的安全保险。
业务设备的全险——包含办公设备的意外丢失或损坏。
计算机系统崩溃——包含计算机设备的崩溃、故障以及记录丢失损坏。

资料来源：www.theaa.com

建议你的保险条目里包含每一个特殊的贵重物品，你也可以在家庭财务保险中包含一部分或所有物品。如果有大量的贵重设备或者仪器，你也可以增加安全措施，安全系数越高，你每个月的保险费用也就越低。

健康和安全

法律上你需要为你的健康和安全负责，雇员和访问者的安全也是你需要考虑的。学习法律，了解一些简单但能够让你的工作环境更适合工作的内容。确保工作台的舒适性以及每根电线和电缆都排放在安全位置（避免混乱）。花点时间进行一下风险评估，并找出潜在的危险。

提示：

确定遵守保险和健康安全规范，把工作和生活空间分开。如果你和其他人共同生活的话，让他们知道你的工作时间和地点。

在工作间或工作室工作

建立工作室、办公室或者工作间需要迈出较大的一步。然而，有时候你会发现在外建立工作空间会让你更有效地运营业务。

利弊

= =

优点

灵活的工作环境；家庭生活和工作时间分开；专门的商业地址。

缺点

运营工作室的成本影响；分期付款租赁。

= =

明确需求

在开始寻找地点之前，列出你所有的需求。这会让你合理地寻找地点。下面列出了关键的内容：

功能

详细列出主要的商业活动。你需要的空间必须能够满足这些商业活动要求。如果空间比较小的话，那么它是否能够灵活地移动物品，给拜访你的客户以不同的感觉呢？

位置

对于位置应当考虑以下几点：

工作室到家、客户或供应商之间的交通距离。
消费者的路线。
运输和停车的便利性。

成本

设定一个合理的预算，并按照预算执行。除了租金和抵押贷款外，你还需要考虑以下几点：

装修的费用。
额外的开销：商业税、服务费用和保险、安全保证金。
每日运行费用：天然气、水、电、电话、网络和保洁。

面积

尽量减少使用的面积。但不能太小，确保有足够的空间适应将来员工的扩充或临时的劳动力。

服务

考虑好你所需要的服务，如厕所和厨房设施等。

灵活度是寻找适合空间的关键。工作中有一些不同的活动，比如从设计到与买家开会沟通以及摄影等。

隔离

运营自己的业务可能非常孤单，所以当你选择与外面的世界孤立的地点之前，仔细地考虑一下，除非这种环境能够激发你的灵感。

安全

地点越便宜，通常位置越不理想，选择这类地点需要考虑安全问题。

空间类型

空间类型的选择有多种，你需要决定哪种类型更适合自己。

个人空间

这类地点的拥有者通常是个人，既可以是零售用的办公室，也可以是工业厂房。通常可以对租金或出租的条件进行协商。

专门管理的工作地点

每月的开销通常包括租金、商业税和一些便利设施的服务费用。一般情况下， 周围是一些具有创造力的公司，这可能会有助于你的业务扩展、网络建设以及找到潜在的供应商。这类地点的安全性很好，但是租金可能会高一些，而且不太可能有协商的余地。

共享工作室和合作空间

如果你找到了一个理想的地点，但是它面积过大而且花费较高的话，你可以找另外一家类似的公司和你共同租用。这种情况也就是“合作”方式。你还需要请律师起草一份合同以及制订系列的规章制度。

另外，针对一些初创企业，目前有非常多灵活应变的合作空间可供选择。虽然不一定有制作样衣、生产以及用于存储的空间，但对于那些外包生产单元和只需要笔记本电脑办公桌的年轻企业而言，算是一个不错的选择。与志同道合的创意人士分享合作空间，对于许多创业者来说是一种非常积极有效的方式，往往会建立起新的联系网络。

寻找工作室

你可以通过多种途径寻找工作室。

口碑推荐：可以通过朋友、家人或者同行业人士的推荐寻找。
商户支持客服专员：企业代理列表。
房地产经纪人：房地产经纪人的商业列表。
网络：商业组织代理和个人发布的信息。
托管工作室：托管的前提通常是有一个排队列表，你可以进行登记。
广告：本地店铺的广告和相关时尚地点的电子广告牌。
四处寻找：看看商业地产的出租牌，和本地的经商人员聊聊。

获得空间

一旦找到了理想的地点，在签订合同之前需要考虑以下几点：

与房主进行协商：是否能够降低租金，或者在建立工作室期间给一个免租时间。
考察房主，与其他的承租人聊聊。
让你的律师检查一下租赁协议。协议的约束力合理吗？你期望协议签订多久？是否能够让协议对你更有利？
检查一下你是否需要负责服务费、 电费、水费，或者了解一下需要承担的比率。

回家后再继续做做功课，了解一下该地区不同物业类型的租金情况及其价值。

案例分析：卡伦·沃克（Karen Walker）

1989年，19岁的卡伦·沃克（Karen Walker）建立了自己的公司——Karen Walker有限公司。那时，她仍然在服装学院学习。开始的时候她只有100新西兰元，并用这笔钱设计且制作了一件衬衫，然后在当地的时装精品店卖掉。她开始自己创业的原因是“周围的产品没有我喜欢的，也没有找到一个我想共同工作的人。”

Karen Walker这家公司迅速地成长起来，同时在全球也有成功举措。在前4年中，他们开办了自己唯一的女装店，后在1994年建立了第二家。1995年开始在新西兰以外的市场进行销售，到了1998年，他们在全球很多地区都有了零售商。2001年，他们开始向时装设计以外的领域发展，建立了第一个室内设计生产线——Karen Walker涂料——与新西兰这方面较为领先的生产商Resene合作。接下来，不断地拓展产品系列，2003年创办珠宝系列以及在2005年开拓眼镜系列产。在42个国家以及200多个城市的店面里都能看到他们的设计，包括纽约的Barneys、伦敦的Liberty和英国高端百货Harvey Nichols。

卡伦对于其品牌的目标市场以及和什么样的人合作都非常清楚——“和我们一样的人”。“我们不会因为地理位置而影响合作，而是基于个性相投走到了一起。我们开发出适应全球多个时尚范围的设计理念以及销售方式。穿着我们品牌的女生，无论是在东京、纽约、悉尼还是伦敦，不会有太大的差别。”卡伦的周围都是她喜欢或敬仰的人，这看起来是她成功的核心因素。

在这一点上，卡伦把她的成功归结于为人们提供喜欢的产品以及彼此之间的和睦相处。对于产品，她认为布局是关键：“周遭的环境可以推断出你的一些情况以及在市场中所处的位置。”最初的业务靠批发建立起来，现在有了自己的专卖店铺。精品店的设计富含了轻松、时尚、个性和趣味的购物感受。基于“和我们一样的人”原则，对产品来出售生产许可。“对于这些合得来且 5 分钟就能心领神会我们的意图，同时具有相关技能与专业经历，而且产品比我们的好的人，就是我们要合作的人。”

为了让产品找到更适合的发展空间，卡伦参加了纽约时装周。“让产品更贴近客户，使客户更容易理解、熟知和购买。要做好这些，就需要了解他们什么时候去什么地方——在纽约时装周期间我们做了一些关于纽约的了解。当然，这不是唯一的方法，还有许多方式能够更好地接近我们的客户。”

在成功的关键因素中，卡伦把宣传与价格这两个因素排在了产品设计和店铺位置的后面。“宣传和市场营销当然是时装业务中不可或缺的一部分。产品本身拥有的主旨、产品值得关注的设计等被重视了，你就自然而然获得了宣传；否则，产品设计不理想，再怎么做都是徒劳。你的宣传应该永远和你的产品一样好。”对于价格，她认为是由产品设计、销售地点以及宣传营销来决定的。

卡伦的动力来源于她喜欢做的这项工作。她说：“我是一个即使当它没有意思也一定会保持兴趣的人。我开始构建自己的生活，如我想要什么、对于满足与荣耀的感觉以及由此带来的感受。”对于不利因素，她认为：“为了取得设计的成功，需要考虑很多事情——也有一些是让你分心的东西。”但如果你希望成功，你必须拥有“理解业务的能力以及创造性方面的能力，同时具有负责任的态度；你必须是一个真正的快速学习者，因为这类业务需要你了解什么时候跑起来什么时候停下来，而不是瞎溜达。”

卡伦的成功使她在过去的五年中获得了全球时尚最具影响力500强的称谓，这影响和巩固了她在时尚圈中的地位。

Karen的目标是打造人们既喜欢又能产生共鸣的产品

第六章　成为多面手

运营自己的小公司也就意味着你需要掌握多方面的技能。在时尚行业，除了日常的工作之外还有一些特殊的角色。你需要了解你能承担多少工作以及多少工作需要外包。如果你要雇人工作的话，你就需要了解雇用和解雇的技术和法规。本章将对包含在供应链内的有关功能进行介绍。

供应链

一个时尚产品从最初的概念设计到消费者将其穿戴在身是一个复杂的过程，并且包含了不同的工作职能。整个过程被称为供应链（参考本书第24~25页），如何对它进行管理决定着商业的成败。在供应链中包含四个主要阶段：研究市场和流行趋势；设计开发；生产；销售和分销。其中每一步都有不同的角色，在一个大的组织中，每一部分对多个内容负责。下表列出了典型的工作职能及其在供应链四个阶段的分布情况。

供应链中各个阶段的主要工作角色

第一步 研究时尚趋势	第二步 设计开发	第三步 生产	第四步 销售和分销
时尚预测师	设计师	产品经理	销售主管
设计师	买手	买手	采购员
买手	采购员	采购员	分配师/经销商
产品规划师	裁剪师	设计师	产品/市场经理
数据分析师	打样师	打版师	社交媒体经理
	成衣/面料技师	样衣师	电子商务经理
		分级师	时尚摄影师/形象设计师
		成衣/面料技师	时尚评论家
		质量管理员	零售经理
		贸易往来社会责任负责人	销售助理

裁剪师的人台。图片由大卫·哈德利（David Hardy）提供

每个功能对于是否能以恰当的价格、时间、地点和质量开发出正确的产品都很关键。你需要确认哪些角色是需要你亲自承担的，哪些是需要外包的。越早对这些领域进行划分，你就可以越早地开始制订现实的启动计划。

尽管一些工作职能可能会出现在不同阶段，但是为了便于参考，下面将对日常最有可能出现的情况进行分析。例如，尽管打样师可能在设计开发阶段承担角色，但是最重要的角色是在第三阶段（生产）。因此，我们将在第三阶段内容中对其进行讨论。

第一阶段：研究时尚流行趋势

时尚与流行趋势不可分离。你必须了解影响你目标客户的主流趋势，学习掌握时尚行业的流行方向并相应地开发你的产品（参考本书第8章）。一些大的时尚零售商通常都配有专业的时尚预测师（如WGSN或Donegar Group）为他们服务，或者是通过外界的时尚潮流研究代理了解最新的信息。社交网络平台里越来越多的各色分析工具以及查阅方式为时尚商业推波助澜，例如Instagram以及Facebook，当然还有诸如Shopify以及SupaDupa等电子商务平台，为助推创意设计以及商务决策给予重要的“洞察力”。

时尚预测师：

- 市场调研，参加贸易和时尚活动，研究在线交易网站。
- 为时装设计师提供色彩、面料和款式方面的指导，分析影响时尚的社会潮流趋势。
- 将时尚设计、历史演进与客户信息相结合，进行分析与研究。

数据分析师：

- 收集数据并提供洞察与分析。
- 生产和跟踪整个产品的关键性指标。
- 把控过程，提高流程效率与自动化的机会。
- 确定、评估与实施外部服务和工具以及进行数据验证。

第二阶段：设计开发

通过对市场、目标客户以及潮流趋势的研究，你已经做好开发自己的产品系列（参考本书第9章）的准备了。作为设计师，你需要常常以不同的观点审视一下正在开发的产品。在大零售公司中，设计师常常与购买及销售团队共同工作，确保为客户开发最好的产品。如果你自己承担所有的角色，那么你必须能够在设计师的艺术角色和市场分析师（他会以先前季度的销售分析来看待产品）的技术角色之间取得平衡。应当注意，不要陷入过于注重产品的细节以至于丢失商业吸引力的陷阱，或者是产品过于注重以前的销售而没有提供足够的变化以吸引客户。

在时装品牌舒马赫（Schumacher）的设计工作室里，画出如图所示的规格表是时装产品设计开发的关键一步

站在你的销售商和客户的角度想想。

这个阶段还需要打板师、样衣师和服装/面料师来确保产品满足设计规范。

设计师：

- 通过比较购物、参加面料博览会、贸易展览以及对媒体、音乐和其他具有社会影响力因素的研究把握流行趋势。
- 建立设计概念板系列和产品系列。
- 建立成本核算和取样规范。
- 找寻面料和辅料。
- 与打板师和样衣技师共同工作。
- 对样衣的把关。
- 拜访生产商。

买手：

- 负责计划每个季节的新产品。
- 通过比较购物和销售分析研究时尚趋势。
- 和高级经理人组织定期交流会议。
- 掌控年度预算。
- 为供应商制订标准，包括价格。
- 确保开发周期和交货要求。
- 确定交货期并确保产品备货及时。

采购或业务跟单员：

- 与采购团队一同对以前的销售图表进行分析，预测下一季节的产品系列。
- 帮助确定产品组合以实现最大化销售。
- 确保达到利润率和存货的目标。
- 通常掌握大量的运算资金。
- 管理供应链，检查发货以及监控实时供应。
- 与物流团队紧密合作，使店内库存的合理性最大化。

裁剪师：

将服装设计效果图中二维的平面形式演绎成三维的服装，打板师将服装结构合理化成各式板型，以备生产规模化使用。
建立一系列标准样板（给定尺寸结构等若干数据）。
先在纸上画出草图，然后再开发出坯布样品，为了使效果更合适、更美观，可以做任何调整。
把纸样拓到硬的纸板上。
手工或者是采用自动化/计算机样式设计系统（PDS）进行样板裁剪。

样衣师：

确保样品更适合大生产需要，并合理选择所用面料。
利用成衣技术提供改进建议。
提供成衣买卖销售时的技术支撑。
与供应商一同工作，确保维持生产标准。
组织面、辅料测试以及提供相应报告。

第三阶段：生产

一旦进入生产环节，这个过程将立刻变得非常专业。如果你想自己生产产品的话，需要拥有满足商业质量要求的生产技术。如果要外包生产的话，除非你有生产经理监督生产流程，否则在和生产商打交道时，你会处于不利位置。

考虑到质量的重要性，如果产品生产出现问题，你承担不起对时间和金钱的浪费。如果你把所有的时间都放到了第一季度的样品开发上，很快就会发现，你在不得不监督这个季节销售产品的生产过程的同时，还得监督下一季度产品线的样品生产。正是这个原因，许多小的品牌发现生产环节是他们生存的关键所在，所以不要惊讶你会把大部分的时间都用于生产管理上（参考本书第10章）。

产品经理：

负责管理整个样品生产和产品生产过程。
负责产品预算和生产时间控制。
负责与原料供应商协商价格。
与销售组共同协作，计算需要的产品数量。

面料师：

开发和管理生产所使用面料的标准。
和设计师协作，确保面料符合产品的质量、性能和价格需求。

质量管理员：

建立产品质量的内部标准。
监督质量流程。
根据规范测量服装，确保它们合格。

时尚开发产品设计是个技术工作，包含了像裁剪师（左）、成衣师（右上）和服装技术员（右下）等工作

分级师：

为每个款式开发一系列尺寸的样板。
研发结构尺寸。
与打板师和设计师协同工作。

打样师：

熟练使用缝纫机器。
根据规范和样板生产样衣。
以高规格完成服装生产。

贸易往来社会责任负责人：

在每个商业活动中，切实保障富有社会责任感的时尚贸易往来，以及可持续性物料采购和动物保护等重要内容。

第四阶段：销售和分销

一旦你完成市场调研，了解即将到来的销售季节的流行趋势，并设计和生产出样品，确定了产品的生产能力，那么现在是时候销售你的产品了。这个阶段你承担的角色与你是否有零售或批发策略有关，而不是你是否会自己销售产品、控制产品并采用代理的方式（参考本书第12章），你也需要对你以及你的产品树立口碑（参考本书第11章）。时尚设计造型师、摄影师和评论家都有助于提高你的产品和品牌的知名度，并驱动你的产品销售和资金重新投入到商业运作中。即使这些角色都不属于你的业务范围，但是你仍然需要考虑并描述你的设计意图、产品本身以及整体意向等这些能够吸引他们注意力等方面的问题。

即使没有自己的店铺，你也需要对那些批发店铺里的销售经理和销售助手进行培训。这是由于这些第三方人士在第一次接触你的品牌时，如果对你的产品和主旨了解越多，他们的销售就越顺利。

销售经理：

管理所有的账目。
建立沟通。
设定销售目标。
输入指令，处理客户交货和退货。
管理陈列室和登记销售预订。
选择需要参加的展销会和促销时装秀。
负责样品、价格列表和宣传图册的分发。

分销员：

把订单发给店铺，确认尺寸和规格的正确性。
寻找生产的供应商。
监管库存和再订货。

公关/市场经理：

通过广告、公共关系、促销、个人销售、视觉营销和互联网，提升品牌知名度和销售量。
建立和维护与时尚设计师、评论家和编辑等媒体的关系。
策划和执行公司的时装展和新闻发布会等活动。

社交媒体经理：

管理社交媒体经营活动和日常活动。
开发与公司目标客户相关的主题内容。
创建、辅助与管理所有发布的内容（图像、视频以及拷贝内容）。
以“社交”的方式倾听、评估和回应用户，帮助产生销售线索以及推动销售。

形象设计师：

为时装秀和宣传图片（如用于图册、广告、网站和时装评论用的图片）设计整体形象。
电商平台上的品牌形象与当前的时尚风向以及品牌希望打造的形象价值相吻合，以便最大限度地推动销售。

时尚评论家：

分析和（或）提升产品。
把不断变化的时装市场趋势传递给消费者。

形象设计师对产品的视觉展示扮演着重要的角色，决定着产品的形象是否适用于时装秀、图册和广告宣传

电子商务经理：

负责公司网站的维护。
专注于吸引访问者来访网站，并利用活动、有效的优化搜索引擎以及吸引人的内容将来访者转化为潜在的销售客户。
管理网站的设计以及内容发布。
监督安全、在线营销和团队管理。

零售经理：

负责店铺或部门的日常运行，最大化地创造销售与利润。
管理和激发团队提升销售，确保工作效率。

销售助理：

商店的“门面”，针对顾客群体提升产品的销售。
与客户保持联络（从多个角度看，与客户交流非常重要，当面对较高价格的产品销售时，销售助理需要拥有非常个性化的服务方式）。

自己进行运营的关键就是专注于你熟悉的领域，并且知道什么时候外包给专业人员。很明显，运营中你承担的角色越多，开销就越少，但不要太劳累。从长远来看，在恰当的时候，一定的支出能够达到一本万利的效果。

任务：

1．标出自己能够承担多少个角色，列出想要外包的项目。

2．研究本地时装院校并留意引进人才，通过时尚杂志广告等了解有关人员的工资以及一些自由职业者的薪酬情况。

雇用和解雇

作为老板，意味着你要负责招聘合适的人员、管理团队和解雇低效的员工。如果没有任何的管理经验，那么对你来说这个任务可能有点困难。或许你可能由于繁忙导致工作开始堆积，所以你需要确保花时间寻找合适的人员。对于小品牌的公司而言，最糟糕的事情就是雇用的员工不能达到你的预期。面试过程提供了为合适的任务找到合适人选的机会。

面试提示

夏洛特·克莱默（Charlotte Kramer）——人力资源专家

4P原则：

准备（Prepared）

面试前，浏览一下应聘者的简历，并准备些相关问题的列表。

职业特性（Professional）

作为你的机构代表，在面试的过程中灵活一些，并且坚持你的专业态度。与此同时，当你考虑是否雇用应聘者的时候，他（她）也在考虑是否想和你一同工作。在面试结束后，进一步采取的行动就是让应聘者知道面试的结果。

高效（Productive）

为面试过程做一个简短扼要的介绍，如公司的使命和大体的组织情况等。详细描述岗位的主要职责、目的以及所处位置等相关内容。适当提出问题，然后鼓励应聘者给出答案。

打探（Probing）

确保面试问题符合“开放”技巧：“告诉我，当……”和“举个例子……”，了解他们过去的经历、技能和资格等。试图了解一下应聘者的潜在弱点和可发展的空间：“告诉我，你希望提高你的技能的哪一个方面。”

让他们保持主动性

一旦找到了合适的人选，你就需要让他们保持主动。作为一家新成立的公司，你承担不起团队中任何只拿钱而不做事情的情况。那就需要你来激发团队的热情，如同你建立自己的公司一样。尽量建立一个能让你的团队充满活力的环境。这就意味着你需要：

加强注意：在日常的活动中很容易陷入一些琐事，注意了解员工的想法和行动。
贯彻一个评价方案：每个人都想知道自己的工作表现。通过建立一个意见反馈策略，你就有了对员工的表现进行评价的平台。在公司建立的第一年中，建议你在第1个月、第3个月、第6个月和第12个月进行交流评价，以后每年评价一次即可。
提供培训和发展机会：提高员工的技能和增加其知识面，为其提供相应的培训。
建立友好协作的企业文化：对于一个小的、创造型的企业，建立一个好的氛围很重要。尽管一些人在专属的环境中占有主导地位，但人们还是需要空间来展示自己。你的成功由员工的生产效率和他们为你工作的时间长短来决定的。作为一个新创建的品牌，你承受不住高的员工流动率。

有时候，你需要让一些人离开。解雇人员可能是一个可怕的经历，并且如果你发现你解雇人员的选择失误的话，事情会更糟。你必须确定在决定解雇某人时，按照下面的步骤执行。

决定是否解雇某人时需要考虑的一些事情

夏洛特·克莱默（Charlotte Kramer）——人力资源专家

提供工作效率较低的属实依据或引导书写记录有关讨论以及改进方案。
设法提出对于改进有何良策，如参加有关的培训课程或实操项目等。
遵守纪律政策和本地就业法规。
考虑在内部的转职工作。
公平地对待员工。
确定保密性。

案例分析：FMM迪拜

“FMM迪拜”（后称FMM）这个品牌是由来自阿联酋的一位视觉传播专业毕业生珐玛·阿尔姆拉（Fattma AlMulah）于2012年（在她22岁之际）创办的。她没有时尚背景也没有接受过正式的时尚培训，也没有考虑过创立自己的品牌。“我想做一些与众不同的事情，但不知道应该如何展开；我开了一个博客，很随意地发布一些自己喜欢的东西以及自己创作的艺术作品。”数月后，珐玛的阿拉伯谚语插画开始引发关注并迅速走红，粉丝们问及是否可以购买这些插画。阿尔姆拉开始意识到这个商机：“我看到了一种需求，决定来填补它”。一开始她将插画印制在净色T恤上，很快获得了市场的认可。在那个时期，流行文化中鲜有阿拉伯时尚被设计师们采纳，因此T恤衫的助推成为非常重要的“对话单品……也迅速影响到品牌”。

起先FMM的客户是来自阿联酋的年轻人，他们与珐玛的年龄相仿基本在十几到二十岁出头。但随着公司的不断成熟，其客户也变得越来越成熟：“目前我的受众目标是24～36岁的女性。”大多数的订单来自海湾地区，该公司还收到很多来自美国的订单，还包括英国、欧洲、远东地区以及澳大利亚。

FMM一直是自筹资金。珐玛一次推出五款T恤衫的设计，当地供应商可以拿到每款100件数量的产品。需求非常迅猛——“我们在两周之内就全卖光了。”由于供应商都在当地离得不远，且产品的设计与生产不太复杂，货品跟进快。珐玛即刻开展更多元的设计，并保证新设计的系列，数量都不太大。“在我首创的连衣裙系列里，我用一类比较接近的剪裁方式打造了六款不同的设计，其主要通过六类不同的图案设计来实现。”六款连衣裙每一款生产了200件，在八个星期之内全部售罄。

如今，珐玛将她的插画创意设计融入不同的产品系列中，包括服装、配饰以及生活用品等，其价格从10AED（UAE 迪拉姆dirham，或2美金）到2000AED（500美金）不等。她一般在中东地区购物比较繁忙的斋月或开斋节展开系列发布等工作，而不是在一些传统的时尚季节。

除了产品的创意设计，珐玛的工作重点还在于“在销售中提供优质和令人满意的客户服务”。FMM品牌的主要销售策略是通过数字渠道进行业务提升，目前80%的销售来自在线活动，尤其是社交媒体，特别是Instagram等为其提供独一无二的合作，从而打造了完美的平台。珐玛将客户放在品牌的中心：“我对他们的投入就像他们对FMM的投资一样。”

通过社交媒体上的较好表现，珐玛建立了一个忠实的粉丝群，为其打造新的销售渠道、媒体以及其他合作等创造了机会，而并不完全依赖公关和销售代理。其现在还以批发和寄售等方式向精品店进行出售，并为个人、私营公司和政府机构创建定制订单。

除了从家人那里得到支持，珐玛也在顾客那里得到激励。“当事业成功充满活力时，我看到了一股令人欣慰的积极浪潮；这让我感到我的艺术创作已经影响了世界——这也让我所处的文化以及传统纹样为世人所知。”她无法想象给别人 打工会是一种什么样的感受，但珐玛承认，经营一家企业需要很大的决心。“失败总是会发生，人们总是被击倒，放弃有时也非常容易。然而，在那些时候，你会真正了解自己是什么样的人。”当FMM的第一个制造商突然消失——“他们离开了这个国家，把机器设备随便出售给其他人，并且不告知我们。这也算是我碰到的最糟糕的事情，但对我而言也是一件好事，至少教会了我在准备方案时还应该有B计划或C计划。”

珐玛的目标既富于雄心壮志也比较简单：“我希望FMM给人们的生活带来积极的影响，我希望我的服装和配饰系列能够给穿着和携带它的人们带来的快乐和我在设计这些系列时的快乐一样多。”

品牌FMM迪拜的设计理念清晰明了（包括大胆的、充满活力的颜色和独特的插画图案）以及专注于开发地域性特色的产品系列是该品牌成功的重要部分

第七章　了解市场

目前许多新的时尚品牌花费了3～4个销售季的时间来寻找他们的客户是谁，他们去哪儿购物，以及什么是合适的、什么是不合适的。对于你要进入的市场了解得越多，你越能肯定你的产品的生存能力。更重要的是，从长远来看，在开始投入资金开发第一个样品前，你调研得越多，节省的资金也越多。本章将向你介绍市场调研的过程。

市场研究

市场研究就是获取和分析一系列市场信息资讯，从而确保为客户发布正确的产品。它是支持你商业计划的重要角色。为了支持你的项目，投资者或银行也需要了解，你对市场做了哪些分析与研究。这些信息可以通过间接渠道（记者会、数据库、目录、报告和书籍等提供的信息）或者是自己的直接研究（通过观察获取的一手信息）获知。本文着重于更有使用价值的后者。

了解你的客户

你需要了解你的客户对象是谁。许多年轻设计师开发的产品价格连他们自己都承担不起。他们通常只是对客户以及他们的喜好进行猜测。如果你想要你的产品满足客户的需求，那么最好了解不同类型的、可能购买你产品的人的每件事。

你必须了解客户的消费习惯、生活方式、喜欢和不喜欢的事情，最重要的是他们的需求。知道客户购买你的产品的原因，从而让你更容易为客户提供理想的产品。社交媒体是你潜在客户信息的重要来源，它可以为时尚企业在整个供应链中做出决策提供信息，甚至在你正式推出品牌之前，开发你的社交媒体形象，发布与品牌相关的内容，有助于培养你的受众，解决诸如那些他们正在做什么以及他们为什么没有回应等问题。

在精品店和商店里多花些时间，观察客户如何购物、他们通常挑选和购买什么产品，这些都有助于你了解你的客户。如果你能直接了解客户的购买习惯和季节性支出情况，那么你就可以根据此信息开发自己的产品，并且能够了解到底客户的衣橱里缺少的是哪一件衣服。在零售公司工作的方式对此很有帮助。如果没有这种机会的话，你可以到竞争对手店铺所在的街区向行人询问，这多多少少能够让你了解客户的购买习惯、需求以及如何抓住他们的注意力。

英国较知名的时尚贸易展览
Pure Lodon的时装展示大厅

目标客户的描述

人群特征	*购买习惯*	*喜好*
职业	*购物地点*	*喜爱的设计师*
年龄	*购物原因（冲动，降价，季节性需要）*	*阅读哪些杂志*
婚姻状况	*是否追逐潮流*	*浏览哪些报纸*
有无子女	*是否为某些品牌的忠实爱好者*	*喜爱哪些名人*
年收入	*购物的目的（休闲或特殊场合）*	*在服装上最不喜欢的地方*
居住地	*对身体的关注程度（关心或不关心）*	*让他们发笑的事*
去哪度假	*他们所属消费阶层*	*通常听什么音乐*
每年的假期时间		*他们一般用哪种社交媒体*
服装尺寸		

建立了理想客户的档案后，你应当确认理想客户的人数足够满足你的要求。你可以通过研究类似品牌获得信息。

任务：
建立一个客户档案

回答上面的问题，建立一个你理想中的客户档案。尽可能多地建立不同的档案，因此当你进行销售、提升品牌质量时，你的品牌和产品能够覆盖所有可能的角度。思考一下会有助于你更好地了解客户的问题。

观察竞争对手

由于竞争对手已经进行过调研，因此研究你的竞争对手会节省大量的时间和金钱。如果类似的产品在市场上销售不错，那么你可以确信你的产品也会有市场。但是，首先你需要确认你的市场竞争对手是谁。

确认竞争对手之后，你可以查看他们当前的产品系列，从而了解你的产品是否受欢迎。你也可以详细地查看竞争对手应用得不错的产品风格、色彩组合、服装款式、图案、装饰等。最重要的是，你能够确定客户希望以什么价格（低档、中档、高档）购买这些产品。如果一开始就将竞争对手定位错误，会让你在寻找零售商和客户上浪费很多时间和精力。所以，你需要花点时间确定一切都正确。

缺乏对品牌的认知，只是希望零售商和客户以看待顶级品牌（如古驰或拉夫・劳伦）的眼光来看待你的产品，是不实际的。有许多可能你没有听说过的品牌，但是它们的业务却很好，而且很可能你的竞争对手就属于这一类的品牌。与一些大品牌相比，你能从这些品牌中获取更多信息。

参加贸易展览会是研究竞争对手的好办法

到贸易展上看看类似的品牌，了解他们的储备货品（不仅是店铺里的，还有正在流通的）和他们获取成功的原因所在，这有助于帮助你建立一个商业模板，让你更好地理解客户群体以及他们为什么购买你的产品。

并不是出现在大型展销会上的品牌就一定好。时尚界有很多不错的品牌不经常出现在*Vogue*、*Harper's Bazaar*以及*Elle*里，甚至提及的人也不多。确保你的研究是正确的，无论是从商业角度还是媒体角度，都应是双赢的。

任务:
竞争分析

选择一个已经进行销售的竞争对手，用心地对他们进行SWOT分析（参考本书第108页）。你是否能够找到他们的弱点呢？

为市场缝制产品

是什么会让你的产品更特别（参考本书第9章）？从找到竞争对手的优势和劣势开始，看看你如何打败他们的产品。

你需要确定市场上都有什么——否则你就不能够保证你所提供的产品是独一无二的，更糟糕的是，有时你的价格更高。时尚行业是不允许犯错误的——如果产品或价格存在问题，会导致你的品牌被抵制。计划一下如何缝制产品，以满足客户的需求以及它会带给你什么优势。

时装市场已经饱和，全世界有成千上万个品牌在竞争。你需要有一个USP（独一无二的卖点）打入市场，并建立一个可持续发展的业务。花在研究市场上存在一段时间的品牌或者是引起一时轰动的新品牌的时间越多，你就越容易找出他们成功的关键点。

确定合适的价格

品牌的成功也依赖于产品市场价格。在研究了竞争对手的产品以后，你应当能够识别出价格体系。他们的低端、中端和高端的价格点是什么？每个档次之间的价格范围（参考本书第9章）是多少？你也应当了解以一定价格销售产品的详细设计要求。如果你的竞争对手以135英镑的价格销售产品，并且与你的产品类似，那么你就可以确定按照这个价格提供产品是有市场的。此外，你还需要对其他发展不错的竞争对手进一步确认。如果你登录他们的网站并且发现他们的产品在许多商店都有销售的话，那就说明他们的产品可能很受欢迎。

多数客户对于特定的产品都有一个消费的极限。一件标价295英镑的名牌时装可能在他们的承受范围之内，但一旦你标价300英镑的话，就可能让他们难以接受。然而，高端客户可能感觉300英镑太便宜了，从而认为你的产品过于普通。以合适的价格提供合适的产品，能提高客户的忠诚度、可推荐度，并且能够让你的品牌发展做到切实可行。

= =

任务:

分析一个竞争对手的价档体系结构

分析一个竞争对手的价格体系结构。确认低端、中端和高端的价格点，然后列出所提供产品的所有风格以及零售价格。看看从低湍到中端的价格点分为几级，从中端到高端又有多少？

= =

市场营销和公共关系

市场营销和公共关系对品牌的发展和成功起着非常重要的作用（参考本书第12章）。你需要了解潜在客户都浏览哪些媒介，可能包括报纸、杂志和网站等，这些都是获取信息的来源，同时也是通过广告吸引大众注意的好途径。如果你不了解这些，那么你的广告可能只是没有任何依据的空想，不可能吸引你潜在客户的注意。尽管每位设计师都希望他们的产品出现在*Vogue*杂志上，但是实际上可能是*Elle*杂志的作用更大，更能够吸引客户，从而把展销和广告变为实际的销售。在这种情况下，你最好努力发展与本杂志工作人员的关系。

从一开始就确定你需要关注的媒体。你必须了解你的目标客户浏览的出版物，从而确认你找对了目标。你可以打电话到出版物的广告机构，查询他们的读者统计图。为了让潜在的广告客户了解他们针对的读者群是否符合要求，他们手头上就有这些信息，以便那些潜在的广告商能够保证他们的钱花得很对路。与其花大量的时间以及精力组织一场时装秀来宣传你的品牌，不如把这笔费用花在贸易展览以及媒体交流日的效果会更好。越来越多的初创企业开始转向营销（参考本书第176页）作为他们的发展战略，而不是那些较为传统的发展路径。

品牌AWAYTOMARS的系列设计展示

在什么样的地点以及采用什么样的方式向客户推荐你的产品至关重要

分销的途径

你的客户通过什么途径了解你，决定着他们如何看待你的品牌及其整体形象。

你的业务是通过零售、批发还是两者兼有？你采用的方式对你的业务资金和市场、销售策略都有很大的影响。因此，研究竞争对手的发展策略是个很好的途径。通常网站上会有这些公司历史和发展的介绍。

同样，你也可以从竞争对手那里了解自己产品的最好市场在哪里。如果采用批发方式，你需要了解你的竞争对手都在哪些展览和陈列室进行展示。国家时尚委员会以及相关网站可以提供此类信息。你也可以通过网站了解他们的销售商列表——如果一个商店购买了他们的产品，可能也会对你的产品感兴趣。

建立一个相关且有效的网站十分重要，你需要知己知彼分析一下竞争对手其网站的情况，了解他们如何构建平台、他们的设计和布局、总体效果、易操作性、收索引擎的可视性、销售条款和相应条件、运输方式等。如果你希望达到以及超出客户的期待，以上各项请都要考虑到位。

如果你想通过零售的方式销售商品，通过亲自观察竞争对手（可以在同一区域甚至同一条街道上建立店铺）获取他们的市场营销活动情报，从他们目前已有的客户中建立客户基础。还需要确定的是，你的竞争对手的态度不会过于恶劣以及潜在的共享客户不会太少等问题。

任务：
建立潜在销售商的列表

亲自到你想要推销的店铺考察，同时列出与你的产品类似的10个竞争对手。访问他们的网站，看看他们目前的销售商列表。研究这些销售商并了解他们同时销售的其他品牌，然后通过访问这些品牌的网站看看是否和你的产品类似。如果有类似的，你就可以再通过网站了解他们的销售商，重复这个步骤，直到你获得足够的销售商的数据库为止，你就可以利用这些信息推广你的产品了。

寻找合适的位置

如果你想要采用零售方式的话，地理位置的选择至关重要。多花些时间和精力确定你的店铺选址：商业大街、购物中心/商场、独立店铺、网站、市集或者家庭购物（参考本书第11章）。

零售方式检查项列表

====================================

人群特征

选择的地区是否是主要的居住区或商业区？这个地区的平均收入水平是高还是低？大多数购物者的喜好是什么？

市场趋势信息

社区的发展如何？它是否能够促进商业发展？是否对变化敏感？商店在晚上以及周日是否营业？在过去的一年中，有多少个店铺开业和关闭？社区中的老板都是做什么行业的？选址地点周围的预期发展如何？社区的业务趋势是什么？

竞争对手信息

拿出地图，用“X”标注出竞争对手的位置，同时圈出最好的潜在位置，对每个竞争对手进行分析。你的竞争对手当前涉及广告或者是促销活动吗？

交通便利性

 # 与居住区的距离　　# 公共交通
 # 与商业区的距离　　# 街区最好的位置（哪一边）
 # 停车的便利性　　# 街道的位置
 # 交通拥堵性　　# 临近店铺的搭配

正常购物时间是在什么时候？

 # 一周中的某天　　# 季节
 # 一天中的某时　　# 天气条件
 # 一月中的某星期

开销考虑

 # 租金/抵押　　# 装饰
 # 商业税　　# 安全
 # 便利性　　# 保险
 # 发展　　# 其他

租约术语

 # 租约的期限　　# 投放标志的限制
 # 续约的选择权　　# 房东的责任
 # 购买的选择权　　# 保险要求
 # 租金金额以及何时支付　　# 如果房屋出售，承租人的状态
 # 空间描述　　# 转租安排
 # 改造限制

====================================

案例分析：安妮·方丹（Anne Fontaine）

安妮·方丹（Anne Fontaine）于1993年22岁之际以自己的名字命名建立的女装品牌也被称为“白衬衣女皇”。自1994年在巴黎开创第一家精品店起，该品牌在之后的15年迅速发展，成为今天遍布世界各大城市的知名品牌，包括纽约、上海和东京。

一开始，安妮和她的丈夫以及合伙人阿里·兹罗特金（Ari Zlotkin）把该女装品牌的时尚理念定位在“简约、富于创新和独立感”，并为女性客户们提供一种“具有当代奢华感的女装设计”，直到今天一直保持着这一理念。品牌发展10年后，其销售额达到7000万欧元，员工400名，在全球14个国家拥有65个销售网点。

虽然没有经过正规的训练，但安妮这方面的创造力，在早年为自己设计的服装中就已经表现出来。一次穿越亚马逊热带雨林的美好旅行，激发了她将自然作为设计创作的灵感，并以此作为品牌Anne Fontaine的基本理念。在发现过往的白色衬衫比较适合自身的定位后，安妮认为每个女性可以在此找到一件简单的衬衣或者上衣——这一衣橱中必备的服装，也可以按照她（顾客）的心情选择一款与当前时尚潮流相吻合的服装，这也正是安妮创业的动力因素。

安妮和合伙人阿里达成一致，开始只为女性设计白衬衫。基于她的创作理念，在第一季的产品发布中其酝酿了500多款的设计方案，在随后的品牌系列发布中数量有所减少。安妮在热带雨林中的经历及其对大自然的热爱，再加上她对环境感知的敏锐，促使她使用了很多天然纤维，并就此开发了以简单的“白衬衫”为基础，为客户们打造多样选择的设计理念。

从开始使用的府绸、全面灯芯布和薄棉纱布，迅速发展到包含了亚麻、蕾丝以及其他新型天然纤维的材料，安妮几乎每一季都在发现与探索：“纤维作为激发创作的源泉，不仅是因为其固有的组织结构，还有就是因为其特殊的品质与特性所造就的亲肤感。”

选择好材料之后，就开始细节特征的设计，在安妮的设计中，双层叠层领、绣花、蕾丝以及花边等是其特色细节，她提到自己御用的设计元素，即“每个系列产品中以不同的形式所展现出来的个性化褶皱设计”。安妮也希望给客人们提供一种极具魅力的设计，她认为这是她获得成功的关键。通过恰到好处的裁剪以及对织物的运筹帷幄，安妮在设计中营造出一种特别的亲切感，其自然透气的品质，能够让穿着者感受到纯真与率性的雅致。

在安妮的系列产品中强调舒适与功能备具的设计理念尤为重要。在开发之际注重选择适合不同客户表现美的需要，包括其穿着季节的要求等；当设计理念不断拓展，其款式的酝酿也一如既往地从500款着手，一年分两季完成。“然而，从中选择100款用于在美国、日本、中国以及法国的大城市如巴黎、纽约、东京等进行展示与推广并满足当地客户的需求，也是很有挑战性的。”

注重产品本身以及富于想象力是安妮·方丹品牌的核心，但安妮一直认为材质是制胜的法宝。2006年，距安妮·方丹在巴黎开设第一家精品店12年后，安妮在圣奥诺街开设了一家新的分店，这一次她将时尚精品店与水疗中心结合起来，来展示她对品牌的完整愿景。水疗中心从她亚马逊的经历中汲取灵感，使她能够分享对这些自然珍宝等治疗优点的经验。棉花、丝绸和野生竹子是安妮·方丹水疗中心的特色，并奠定了其独到的经营特点。

2006年，在巴黎圣奥诺街开设的这家店，完整地表现了其设计理念

这个店铺第一次在同一个空间展现了时装精品与SPA的理念

第八章　了解流行趋势

流行趋势在时尚行业扮演着重要的角色，你必须了解它们以及如何利用它们。你必须了解你的特定客户群对流行趋势的关注度。你最初的调查研究应当让你足够了解你的潜在客户，以及能够判断出他们是否属于潮流引领者。从而，你能够相应地开发自己的产品。成功的关键在于对客户需求的满足程度。本章将会介绍如何找出客户的需求以及他们如何被流行趋势所影响。

什么是时尚流行趋势?

时尚流行趋势可以被定义为一段时间内时尚的发展趋势。此阶段流行的服装可能在彼阶段就过时了。时尚流行趋势关注的是“最近的”或“最新的”。近年来，“新”倾向于表述产品在一段时间内是受欢迎的或者在市场上是缺稀的，并由设计者或零售商重新开发。它只对那些错过第一次流行趋势的客户而言，才是真正意义的新颖。

流行趋势不一定是季节性的。一些自20世纪90年代流行的休闲服装直到今天还在销售。

还有一些流行的产品快速地出现在店铺内并流行开来，但是只存在了很短的一段时间就消失了。流行趋势不同的生命周期被称为“服装流行周期”。一个流行趋势的周期长短，是由购买人群的数量和人们对它的期待从开始到减退直至消失的快慢决定的。如果想要某种东西成为时尚，那么它必须得被人们接受。尽管设计师或零售商推出了一系列产品，但是如果没有人购买的话，那么它根本就没有流行可言。

流行趋势的分类

我们可以根据流行趋势的生命周期以及它被接受的程度和消失的速度等特性，将其分为不同的流行趋势种类。流行趋势主要有以下种类。

经典的

一种时装风貌流行的时间可能比预期要长，零售商们一季接一季地销售。典型的例子如白衬衫、风衣和黑色外套（LBD），这些款式从没有真正消失过。

新入驻路易·威登设计师 Virgil Abloh的首秀

一时流行的

一时流行的就是那些生命周期非常短暂的一类流行趋势，他们的出现非常能够引人注目，然而很快就被人遗忘了。尽管一时流行的生命周期很短，但是头脑清醒的设计师和零售商都能够利用它吸引客户和媒体的兴趣。

周期循环的

成功的设计师能够利用时装的设计元素（如颜色、面料或廓型）提供新的流行产品，从而保持它的活力和生命周期最大化。一个非常典型的例子——LBD，已经成为那些非常时尚人士的衣橱里必备的款，它一直都在被更新。

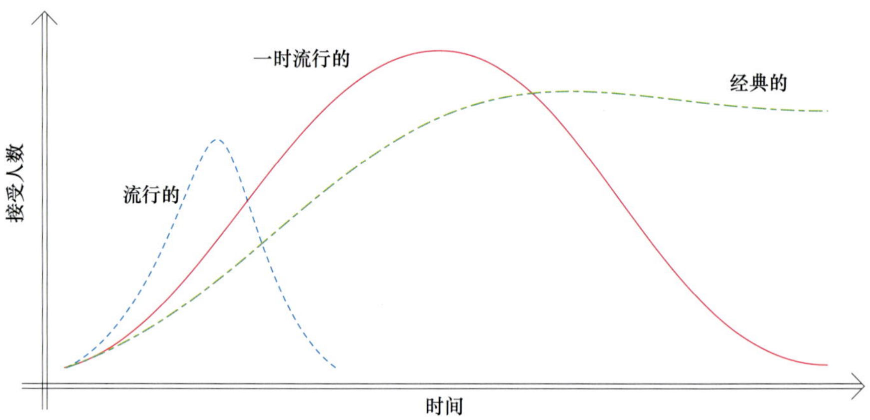

根据时装生命周期六个阶段的发展速度与程度，可以把时装分为经典的和一时流行的。一时流行的时装可能在一个季节内就经历了所有的六个阶段，而经典的时装可能永远都达不了第六个阶段，只会在新品开发之前有下降的趋势。

时装生命周期的几个阶段

*1. **创新期**：时装的引领者会投入大笔资金开发新产品。*

*2. **上升期**：越来越多的人开始接受这种新产品的特性。*

*3. **加速期**：新的特性被许多零售商复制以及被时尚追随者采纳。*

*4. **普遍接受期**：达到最大的销售潜力，随处可见。*

*5. **下降期**：随着新一轮流行趋势的涌现而开始下降；销售商开始降低价格并将之替换为新一轮的产品。*

*6. **消失期**：不再能够看到它的特性了。*

LBD（Little Black Dress的缩写，直译为“小黑裙”）即黑色小礼服一类的服装描述，属于经典款式，设计师经常为它的设计注入新的流行元素

谁领导潮流以及谁跟随潮流

时尚的领导者推动新趋势的发展，但是时尚潮流从根本上是依赖于时尚追随者来实现的。

创新的传播

1962年，艾厄瑞特·罗杰斯（Everett Rogers，后称罗杰斯）在他的《创新的传播》（*Diffusion of Innouation*）一书中推出了创新传播原理。他认为任何一个创新或想法被人们接受时，都可以被归类为创新者（2.5%）、早期接受者（13.5%）、早期主流接受者（34%）、后期主流接受者（34%）、落后者（16%）的组合。尽管他的原理将复杂问题简单化，但是在对定义流行趋势所涉及的主要特点和原因时有很大的帮助。下面介绍一下几个方面的主要特点。

时尚创新者

他们是将新风格或特性传递给其他时尚消费的最早传播者。他们不能决定其他人是否喜欢这种风格，但是由他们创建的这种意识，为新风格提供了视觉上的展示。与其他人相比，他们能够更好地把握时代发展的潮流，并表现出对时尚的高度热爱。

早期接受者

早期接受者为时尚追随者提供参考。他们作为固有的群体，在社会中影响着人们。在创新者受到别人的关注之后，他们也略微采用改良手段以及做适当的减法来传播这种特性。早期接受者对流行趋势的主流发展至关重要。

早期主流接受者

早期主流接受者对商品非常挑剔，通常会参考很多风格。他们通常受广告和媒体的影响，但更多是为了适应周围环境而跟进潮流，成为早期主流接受者。

后期主流接受者

后期主流接受者通常需要花一些时间对“最近的”或“最新的”时尚进行判断。由于他们希望被认为是赶潮流的人，因此会追随大众流行。他们通常更喜欢传统的风格，并且他们的社会经济状况都不太好。

落后者

落后者就像邻居和朋友，喜欢寻求舒适和宽松的穿着，对流行趋势不感兴趣。他们通常害怕负债，并且很少会冲动购物。

我们倾向于把这些人分为两组，一组被称为“变化代表者”或“创新传递者”，有助于推动时装潮流的发展；另外一组被称为“时尚追随者”，他们通常以别人为参照。

如果用图来表示的话，罗杰斯的传播理论就如下图所示：

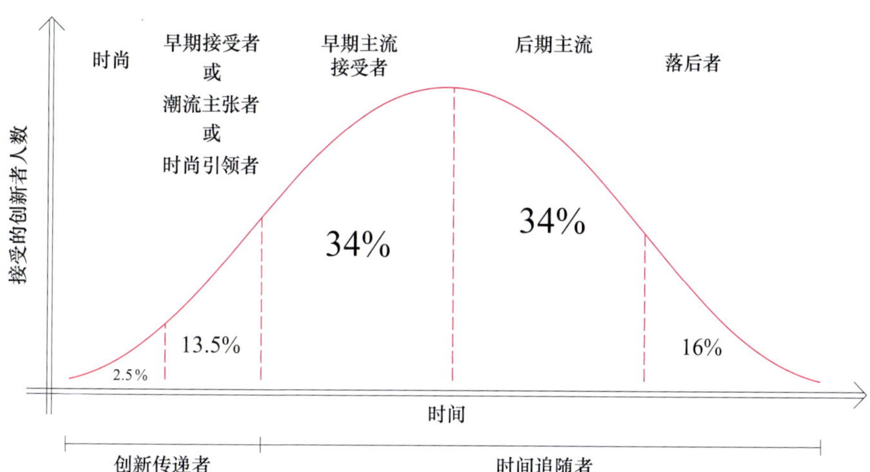

市场在每个阶段都存在，最大市场份额的消费者就是时尚追随者。因此，你需要确定你的客户属于哪个部分，并相应地开发自己的产品。

罗杰斯也提出了五个阶段模型，用于描述时尚创新的传播。他认为，在最终决定是否接受新事物的特性即创新之前，都会经过以下阶段。

1. ***知识：*** *了解创新的功能和实体。*
2. ***见解：*** *开始相信创新的价值。*
3. ***决定：*** *决定采纳创新。*
4. ***实现：*** *利用创新。*
5. ***确认：*** *最终接受（或拒绝）创新。*

如果你是一个创新型的设计师并且希望开发出新的流行趋势的话，你的市场营销和公共关系就需要尽力让客户经历这五个阶段。许多年轻的设计师甚至没有进行足够的宣传就让客户去了解他们的产品，更不要说让客户去购买和体验了。时装秀这种方式非常适合这类的设计。同时，你还需要确定参与时装发布的时尚媒体，以获得更确切的评价与认可。

创新者、早期接受者/早期主流接受者的特点创新者

创新者	***早期接受者/早期主流接受者***
具有创造力	*喜好娱乐和消费*
参与者	*旁观者，只是去了解它*
风险承担者	*喜欢并迎合*
建立自己的特性	*享受大众市场和媒介的影响*
不同寻常的热情	*喜欢安全，去人多的地方*
喜欢变化/新奇	*喜欢舒适和稳定，不会想太多*

像Topshop这样采用了快速时尚商业模式的零售商，可以更贴近季节，并保持对潮流的一致性

高级时装VS大众时装

高级时装是由设计师有针对性地设计并由专门的商店经营的。
时尚领导者在潮流产生和发展阶段购买这些新款式。
商品是昂贵的，但所带来的与众不同就是这些时尚领导者们追求的。
大众时装是由工厂或销售商以不同的价格点生产并售卖的。
时尚追随者们穿着大众时装。
时尚落后者希望更高的性价比，会推迟购买。

什么因素影响时尚流行趋势?

有些因素在一个季度甚至数十年中一直影响着时尚流行趋势，它们包括：技术、经济条件、社会条件、大众传媒、社会名流/有影响力的人和同龄群体。

设计师受周围环境和当前发生的事件所影响。心情和感觉在设计开发阶段起着重要的作用，不同的设计师可能会受同一因素的影响——这些可以从他们的产品设计中看出。在用无色彩系列配合精良的裁剪表现多元结构时，服装给人以不确定的设计风格。而当运用了活力四射的色彩并辅以流动的线条以及恰到好处的面料时，则非常容易令人捕捉到它的风格。

流行趋势可以沿着一个既定的、可预测的路线发展——通过前一季节产品或者已经饱和的流行趋势所反馈的信息加以判断。设计师与零售商们对注入新潮流或增加新产品是持谨慎态度的。他们可能在进行大批量的生产之前，先在店铺里向顾客推荐一些产品，从而观察顾客的反应，这叫“气球试探法”。如果产品不太受欢迎，那么它会被取缔，并且不会成为趋势而继续发展。

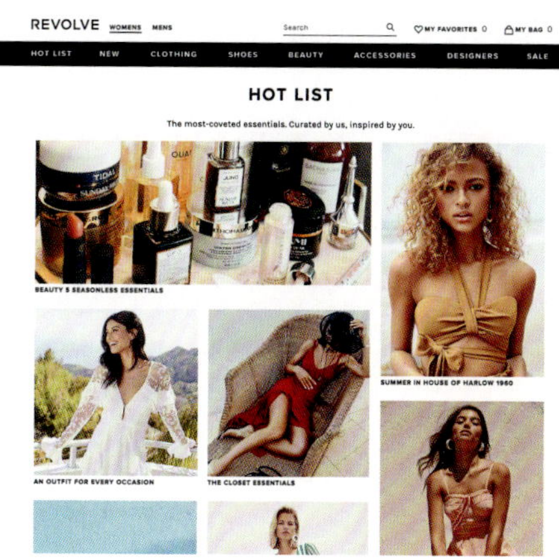

时尚电商Revolve于2000年首发后，目前年销量超过十亿美金，公司的成功很大程度上归功于其具有强大影响力的网络以及基层营销战略，如一些活动中采纳的“科切拉”战略

时尚领导者的理论

关于时尚传播的几个相关理论：

“滴入”原理

时尚的传播是从上到下的。顶端是时尚潮流的风格代表。繁华商业街和消费者通过时装秀或者社会名流等公众人物的服饰来体会时尚，并将之演绎成更适合自己的风尚进行传播。皇室人物［梅根·马克尔（Meghan Markle），英国哈里王子的妻子］和公众人物［刘易斯·汉密尔顿（Lewis Hamilton）、凯莉·詹娜（Kylie Jenner）］都是时尚的标志，他们对普通人而言有着巨大的影响力，同时对于销售而言也有积极的影响。这就是为什么许多设计师都尽力用一线明星代言他们的产品。名人的照片可能在全世界被发布，从而让你的产品和品牌立即在全球得以推广（参考本书第12章）。

社交媒体平台以及使用者中较有影响力的一些“主流”（俗称网红）促使这些发布成为时尚趋势的集散地，这也是为什么许多时尚品牌和零售商目前更青睐使用这一媒体方式来推广新的产品。例如，从Instagram中挑选适合的时尚影响力传播者并配以重点造型细节在其Instagram网页中进行展示，所获得的效果印证了罗杰斯理论中的第一条——创新首先需要认知，感知这些已经存在风貌。那些实力派网络红人，其影响力一般遍及世界很多地区，他们的发布如同启动了全球时尚流行的按钮，并比以往任何时候都有可能地快速影响开来。

“交叉”原理

时尚在人群中的传播是横向的，而且是交叉的。社会的每个阶层都有自己的引领者，他们都以此判断什么是值得的，什么是不值得的。我们既可以将老板的衣着打扮作为参考，也可以将周围赶时髦的朋友作为参照，其中一些潮流的引领者将他们喜欢的时尚在社交媒体上进行分享。这也是为什么“喜欢”与“分享”功能在你所有的购物平台上都非常重要的原因。它为同龄人提供了一种快速、便捷的交流方式，并为你带来新的追随者和购物者。我们大多数人都希望能够适应潮流融入其中，因此我们不会是第一个接受新风格的人，而是通过周围其他人的服装穿着趋势获取流行信息。当然，我们不希望是最后一个接受新风尚的人，那样会让我们看着有些落伍。最终，我们需要适应所接受的流行趋势的指引。

“逆滴”原理

流行趋势起源于社会次文化人群，并常常向上发展成为主流。繁华商业街的店铺以及一些高端时尚品牌设计师会经常寻找街头文化，从而激发他们的灵感。想想美国的Hip-Hop嘻哈文化时尚是如何成为世界范围内主流趋势的，甚至出现在伦敦、巴黎、纽约和米兰的T台上。正因为有那么多街头风格的博客和使用社交媒体的网红，现在设计师和零售商都很容易接触到这些新趋势并找到它的踪影。

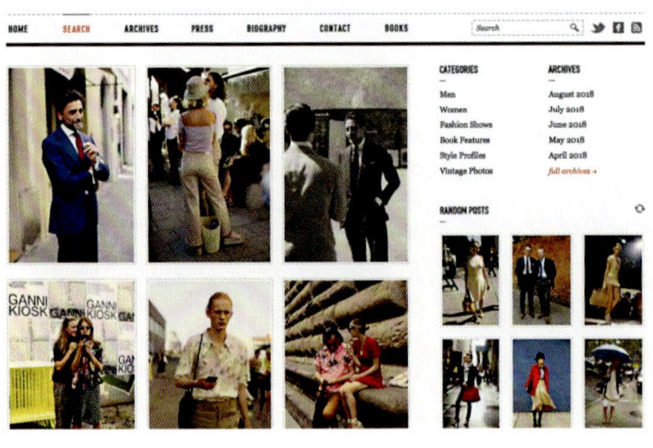

街头时尚成为研究时尚潮流的重要资源，诸如The Sartorialist等网站上提供引领潮流的重要信息

流行趋势可能是自上而下的、横向的或者是自下而上的传播，从而扩散到目标客户。你对T台、街头以及自己的朋友关注越多的话，越容易辨别出潜在的流行趋势。许多设计师并不是努力地去预测流行趋势，而是不断地寻找灵感，这就意味着他们一直是流行前沿的探路者。

媒体对流行趋势的影响

媒体对于什么是流行的、什么是落伍的有着重要的影响。设计师和销售商在一个季节系列设计中建立一些主题，原因是他们希望这些不同的风格能够吸引尽可能多的人喜欢。不同设计师的产品主题可能碰巧相同，这是由于设计师和面料厂商需要根据以前经验所建立的模式进行预测。通过研究以前的流行趋势和当前的状态、环境等，设计师开始进行预测，但预测是模糊的，缘由是市场不断发展，甚至是周而复始不断变化的。

时尚评论者们可能每个季节都翻阅了上百个时装秀和宣传图册，把设计师的工作进行分类，从而让读者更容易理解。这也就意味着产品设计的关键主题和理念应当非常醒目，从而能够吸引他们的注意力。精品店和商场的买手也会注意到流行趋势，从而了解什么才能迎合客户的需求。当新的特性和流行趋势在时装发布会上出现时，客户也了解到什么是热门产品，之后那些受到好评且突出的产品便会出现在精品店和商场里。

你如何对待潮流?

这取决于你所定位的目标客户。你有时可能认为，作为潮流的追随者并不利于自身业务的发展，因此，你可能更专注于开发属于自己的、独特的、你的客户群可能每个季节都需要的产品（参考本书第9章）。

在流行趋势的博弈中，与大品牌和高档精品店竞争是非常困难的。高档精品店每个季节都有许多不同的流行产品，如果客户对其中一个产品不感兴趣，他们希望客户能够对其他的产品满意。如果你把鸡蛋放到一个篮子里，并且这一季节的风格并不是你所设想的那样，你的销售结果可能是致命的。

明智而灵活地把流行趋势的元素应用到你的产品中，诸如色彩、面料、尺寸和风格等，尽管它不可能改变品牌的本质，但它会让你的产品得以提升。同时追求流行趋势也有助于吸引时尚杂志、博主以及网红们的注意，从而让读者了解你的产品。

在每一季的新款开发中，尝试一下占一定比例且吻合最新流行趋势的系列设计。针对其他设计就有了很大的自由度，既能够进行新的、有意思的创意设计，又能够专注于已经建立的产品更新设计。

你也会发现，根据创新传播原理（参考本书第93页），通常流行趋势下降阶段对你的销售更有力。这是因为主流购买者并不会直接购买新的、符合流行趋势的产品，而是经过一两个季节的观察后再进行判断。他们甚至通常在打折阶段才进行购买。因此，了解客户的期望并相应地开发产品是很重要的。

高级别资深设计师通常对下一季流行趋势的建立有一定的影响。因此，如果你希望自己的产品能够引领潮流，就需要依靠自己的眼光，而不是跟随其他人的设计。你需要努力让媒体和客户确信你的眼光是值得他们注意的。一旦实现了这一目标，你就会发现在随后的几个季节中，你都是他们关注的焦点，直到你的设计没有人愿意穿。

从一开始，你就需要确定你的客户位于流行趋势的哪个位置，同时了解竞争对手是如何处理的。你可能会发现这两方面对优秀的、深思熟虑的设计至关重要。

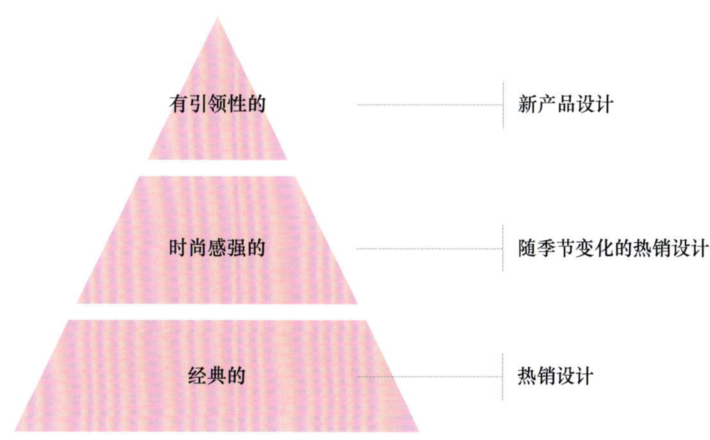

系列规划设计（参考本书第109页）在平衡中对新趋势的需求与客户可能接触到的更多商品之间发挥着重要作用

任务：

逛逛本地的商业区，看看他们展示的商品。通过这些商品，找出每一个主题。不要忘记色彩、面料和配饰的风格以及外观整体效果。

案例分析：舒马赫（Schumacher）

1989年，24岁的多瑞希·舒马赫（Dorothee Schumacher）在德国创建了舒马赫品牌。这个品牌从最初只有不多于5个系列的产品，发展到目前以女装为主的高品质、专业性强且与时俱进的国际知名品牌。品牌在创建之初就出现在德国杜塞尔多夫时装展（世界上最重要的时装盛会之一）上；并在德国获得成功之后，开始在瑞士以及奥地利发展，直至在全球很多地方也被认可并取得了成功。如今舒马赫品牌已在全球46个国家拥有600多家零售代理商，如科威特、莫斯科、华沙以及柏林等大都会都有其地区总部。2010年该品牌开设了网络购物平台，顾客通过网购同时享有与实体店无太多区别的购物体会。舒马赫仍然是由家族进行经营。

多瑞希很早就立志于实现她的目标。出于对时尚的痴迷，她先后去法国以及意大利学习纺织设计。她在很多知名的时装品牌公司工作过，通过不断地观察和学习来摸索开发具有自己独特风格的产品，为创建自己的品牌打下坚实的基础。

从一开始，对于多瑞希而言，产品一直是第一位的，从她设计的第一件衬衫开始就追求“与众不同的特色——灵动睿智、充满女人味以及有一定的影响力”。多瑞希认为“舒马赫塑造的从容而自信的女性魅力不是简单地对男士服装的效仿”，而是从理解客户并从其需求的角度出发，融入自己的认知与全新设计而获得成功的。多瑞希认为，以下几个因素对于很多品牌而言都十分重要：“强烈的时尚风格、对于潮流的敏锐感知与把控、信心与信念、客户的需求与品牌设计理念之间的完美平衡。”从5个品类的产品起家，如今品牌舒马赫已经发展到比较完整的产品系列，包括外套、连衣裙、针织服装、T恤和饰品。

为了确保大量产品系列的质量，多瑞希投入大量的精力到每个产品的生产过程中：“早期，产品多数是在意大利和德国生产的；但到了1996年～1997年，舒马赫开始根据不同国家的特色领域进行专项生产——印度的刺绣、意大利的开司米以及法国的蕾丝——因此能够同时保证产品的最高质量。”这体现了“产品是我们策略的核心这一理念”，也体现了“舒马赫品牌真诚而富于哲理的设计观念”。

尽管为产品指定合适的价格是一个品牌发展的重要因素，但多瑞希的观点不尽相同。“当客户们看到他们想要的这个‘产品’之际，他们通常乐意为此付钱”，因此她把价格因素放在了产品以及如何进行营销陈列等之后。品牌的发展通过以舒马赫为核心的大量市场策略来实现。“我们所有的包装和赠品以及店面都有不同凡响的表现，客户们不只是购买了一件产品，而是一款具备格调风貌的时尚设计。舒马赫在脱口秀节目中得到了推荐，由此我们对广告和许可经营也非常严格。”他们在各个总部设立了公关管理部门，并和负责全球业务的相关部门紧密合作。

尽管多瑞希认为运营自己的品牌可能会遇到挫折，她指出“一个人需要酝酿积极的、向前发展的态度”。她持续的灵感来自于：“周围的人；来自于持续发展并推陈出新的舒马赫品牌内涵。我一直渴望学习，日复一日地希望有实现美好愿望的机会。品牌的不断发展和针对新领域的开拓是令人激动的”。她把舒马赫看作是展示自己想法的舞台，也促使她成为一个不折不扣的商业女性，同时让她能够按照自己希望的方式来生活。“通过将梦想变成现实，我获得了很大的动力。舒马赫给了我自己安排时间的好机会，对于我和我的家庭而言，受益匪浅。”

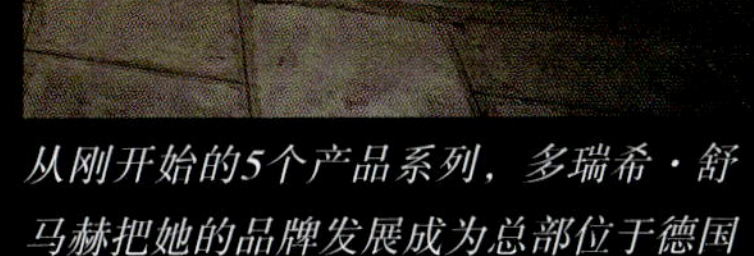

从刚开始的5个产品系列，多瑞希·舒马赫把她的品牌发展成为总部位于德国的国际品牌

第九章　产品和形象

开发自己的产品是你展示创造力的机会，同时能够让你生产优质的产品——可能这就是你开始创业的原因。但更重要的是，确保你有很强的个人能力和客户分组能力。本章将列出一些规则，来确认你的产品影响力和你最初的设想是否一致。

了解客户

如果你想要开发能够支撑业务持续发展的服装产品的话，你就必须进行市场调研，了解你的目标客户的生活方式等。如果对客户基本情况都不了解，就很难判断他们的穿着习惯以及在不同场合下的穿着需要。

刚刚起步的小品牌通常是自以为是、凭空想象地进行设计，盲目自信地认为“我知道人们会喜欢它的”。尽管你的设计风格适合市场需求，符合目标客户的要求，但它通常是通向失败的快车道。

许多年轻设计师在开始时都不太了解其他目标客户的风格，更没有银行资金等方面的支持，当然也不清楚怎样才算好的设计。这也就意味着他们通常假定人们的需求，结果可想而知，其设计的产品不能够满足客户的需要。

你必须找出你的竞争对手，分析他们销售的商品，判断什么是你的潜在客户喜欢购买的，并据此重新定位自己的产品（参考本书第7章）。

确定正确的方向

如果你要建立自己的品牌，你需要全面考虑以下几个方面。

方向和基调

方向和基调是两个无形的设计元素，决定设计的成功与否。如果你开发的产品反映了当前人们的所思所想，能够立即与你的客户产生共鸣，那么你就有机会销售你的产品了。

你必须尽力设定一种基调，即“就是我的品牌所包含的内容”。只需要看一眼，就能够让你的客户了解你的品牌特点，女性化的、新锐激进的、高档脱俗的或者是运动休闲的。一些市场相关的材料——如手册、网站、时装展等，都应当强调这些产品信息。

英国伦敦哈罗德百货店里的男装柜台

自由设计师克雷儿·沃森（Clare Watson）说：

“当新品牌开始运营的时候，我特别希望看到它们是通过提炼并与设计理念很好地融合在一起的设计，因为这样它们才能够产生持续的影响。我一次次地看到新的设计师运用很多设计语言，并尝试涵盖更多的领域，这样过多的设计，会让人们对他们的风格感到迷惑。一旦你建立起自己的风格，这个时候再增加一些新的构思会更容易让人们接受。”

个性化

尽力设定一个独特的卖点，这会让你的产品更加出众，同时也给了客户购买你商品的理由。这听起来容易，但是目前的竞争对手这么多，做到既热销又与众不同是很困难的。独特的面料、特殊的裁剪、别出心裁的装饰、大胆地利用色彩和销售价格，都能让你的产品展现出独特之处。设计出市场上还没有的产品也是打造个性的一种途径。

商业化

你希望商家进货并销售给客户，也希望他们再次下订单。大多数商家都希望在销售季节结束之前卖掉70%的产品。（这被称为“销售率”，通常以百分比表示。“销售净额”表示的意思相同，只不过是以一种绝对值表示。较低的销售率可能会影响商家是否再次购买你的产品。商家也许会给你几个季节的时间提高销售量和向客户介绍你的品牌，但是大多数商家并不会放弃宝贵的空间给那些不能带来利润的产品。）你必须了解相关市场的商业变化，并相应地调整你的产品。通过调查研究能够帮助你实现这一点。建立自己的销售商链之后，你会从他们那里得到消费者对你的产品的反馈信息，据此来调整你的产品，从而增加销售的潜力。创造一个既与众不同又好卖的产品是很难的，但这正是成功的时尚品牌所做的事情。

伦敦Damsel精品店的Kat和Oz Aalam说：

“（我们）推出不同风格的产品，同时考虑到客户的实际情况以及需要。由于我们的成年客户中大多都有孩子，如果日常打理的上衣外套要求只能采用干洗来处理，这样的服装应该不适合我们的客户定位。你不能低估这些因素的影响。人们愿意为他们喜欢的东西付款，因此办法就是提供特别的产品来吸引他们的注意力！高档商业街的竞争非常激烈，像我们这样的精品店在价格上的竞争越来越困难，所以，我们应当提供给客户一种即使花3倍价钱在其他地方也买不到的产品。

“价格点也很重要——当然我的姐妹和我都明白为什么珠饰品、特殊面料、独特的设计因素就代表着高价，我们也明白如果标价超过170～180英镑，或者服装价格超过300英镑的话，可能就没人买了。这就是我们的市场。”

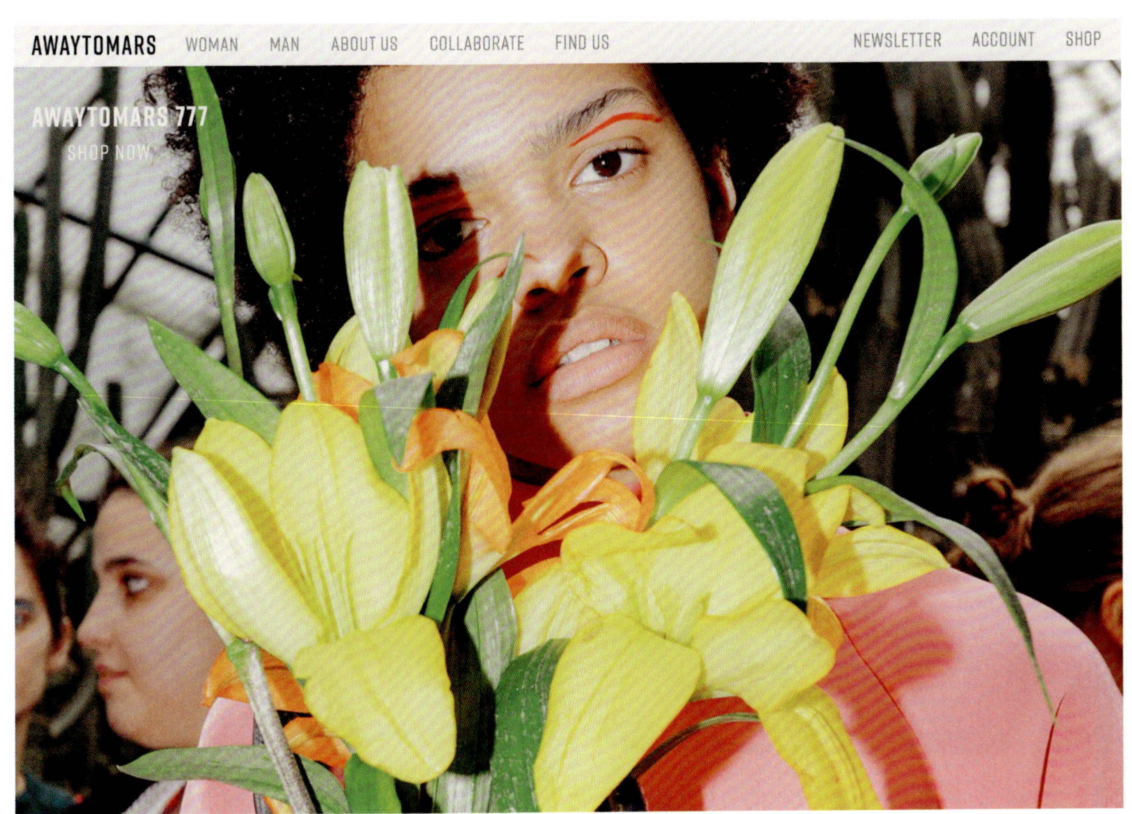

时尚平台AWAYTOMARS的USP是其网站的用户共同合作设计的一种具有代表性的方式

质量

好的品牌形象就是指在你和你的客户之间建立良好的感觉，尤其是在较高的价格点。无论你的样品看起来多么棒或者接到了多少订单——如果产品质量不过关，你就注定会失败。

如果工艺不好的话，你的服装看起来会很差，因此客户们不会购买；即使是购买了你的产品，如果发现了质量问题，他们此后也不会再购买你的产品。你必须花费更多时间去证实你的产品没有背离你的设计（参考本书第10章）。

物有所值

你的产品定价是多少并不重要——因为人们希望他们获得的东西是很特别的。无论你的产品是可以还价的，还是中档的或是高端的，你都必须让你的客户认为他们的选择是正确的。

一次较昂贵的购买可能会导致消费者的“认知失调”——担心他们没有做出正确的决定。你可以通过提供特殊的设计、质量、价格以及与众不同的风格来弥补这个问题。市场营销和公关在这一点上起着重要的作用。你的客户在媒体上看到你的机会越多，越会安心地购买，并认为做出了正确的选择（参考本书第12章）。

像Roksanda Lincic这样的设计师努力在他们的系列中保持一致的形象信息，这样他们的客户可以一季又一季地识别设计师的风貌

连续性和发展

一旦建立了自己的形象，你就必须一季季地维持它，为客户提供持续不断的产品设计供其选择。针对连续性，需要考虑的几个方面包括：设计理念、款式细节、面料和色彩应用，更加注重质量和价格。如果一位客户购买了你的产品之后，发现你的产品在随后的几个季节中没有任何的变化，是非常糟糕的。

你必须根据市场需求以及时尚潮流的变化开发产品。一些小的精品店知道他们的客户基础是有限的，因而销售的产品风格也是有限的。如果每个季节你的产品都是一成不变的话，很快就会发现客户的数量越来越少。你需要感知潮流趋势以及探讨如何将其转换为适合你的设计，推进系列设计并保持产品的新颖性，同时保证品牌的认知度。

平衡和选择

你最终的产品设计在商店里的展示效果如何？是否让客户有良好的印象？广告牌是否有吸引力？要做到这点，你就必须在广度和深度上建立一个平衡点，或者你提供的某一单品具有综合而强有力的特征。所有的产品风格应当通力合作打造品牌形象，提供一种易于客户了解的设计。

产品筹划

建立一个合理的产品系列需要仔细筹谋与规划，包括选择的数量以及每个种类的数量。这与你的设计预算和建立销售店的设计/销售策略相关。它的本质就是产品的选择，以及把个人的产品转化为商业上可行的样品范围。这也是非常重要的一个环节。

范围的广度

你所提供的不同风格/形式的产品的数量，依赖于你的销售策略、价格点和商品的类型。你提供的产品越多，客户的选择范围越广。但是在开始的时候，为了降低运营成本，提供有限的产品范围是很明智的。有时，限制了产品的范围，可能会提供给客户更优秀的产品供其选择。你可能决定专注于服装，并提供了10种不同的风格；或者是选择了牛仔裤系列，并提供6种款式。这不但让你能够精挑细选，完善好整体设计，而且也很容易让客户了解你的特点。

相反，当你想要涉及所有方面，你会发现你所提供风格的数量会迅速地增加。记住，每一种风格的增加都意味着需要重新制订板型，相应地会提高运营成本；另外，在生产时所需要的最低开销也会增加（参考本书第10章）。

品牌Schumacher和VETTA开始时只提供了5种主要类型的商品，而Karen Walker只有1种。

范围的深度

你可以为每个风格配以独特的面料、图案和色彩进行生产。然而，对于新成立的品牌而言，这对于达到面料供应商的最低进货要求会造成一定的困难。你所开发的每种风格的产品都必须销售得很好，这样才能增加生产量。如果面料和颜色的种类太多，会让你的产品看起来过于分散，从而使用户/买家感到迷惑。

通过对不同风格的产品使用相同的色彩和面料，你就能够轻松地创建一系列“组合设计”，能够更容易地被买家理解，同时也能够满足最小开销的需求。

同样重要的是要将你的选择置入最终的销售环节中进行思考。在商店中陈列的设计是否一如既往地传达出你希望呈现的设计情感与故事表达，并且在商业性上有较好的销售表现；或是针对电子商务以及社交媒体营销打造的产品系列，通过屏幕与用户交流的图形图像设计是否到位？例如，设计师与零售商正越来越多地使用Instagram以及Pinterest发布的帖子中所呈现的趋势与数据来帮助他们决定在新系列设计中的方案，如色彩的组合等，这也有助于他们最大限度地驱动站点的流量。

当设计系列的广度与深度被组合在一起进行评判时，你将对库存单元量（SKUs）的总量有所把握。

设计系列产品，需要考虑一下其挂在一起的效果。换句话说，即考虑一下在卖场中这些产品放置在一起时，如何搭配更出彩

价格体系

通过市场调研，你应该能够确定你的产品价格范围。值得注意的是，通常商品的价格越低销量越大，反之价格越高销量越小，因此希望你的产品应该能够适应这一特点。例如，贴身背心可能有四五个色系，然而一个高级聚会小礼服可能只需要一两种。

建立模板

在开始直观设计过程之前，请坐下来制订一个模板。模板应当包括开发产品的总数，包括风格细节、面料、色彩以及价格。尽管你可能有很多空闲时间可以用在开发第一个产品上，从而保证每件事情都按照你的想象进行，然而一旦开始销售的时候，你会发现，你忽略了生产、交付日期以及日常运行环节。一个好的模板能够让你专注于你的设计，同时从长远来看，能够节省时间。而且它也能够让你在所开发的产品系列中获取平衡。

最后，好的产品范围就是预测你的销售商的需求以及他们期望的价格点，也就是需要平衡产品的色彩、面料、价格以及相应的高端或低端产品供选择的数量和产品摆放的效果。

请记住，有时少即是多。在下边的模板中包括不同的产品，想象一下，如果只提供35种类别，而不是列出所有类别以供选择，结果会是如何。以Anne Fontaine（参考本书第86页）为例，她将自己的产品类别大大缩减，却为买家和消费者提供了不多但值得信赖的产品类别，这是非常重要的。

这是一个根据季节对产品的销售进行分析、不断完善的过程。可能需要几个季节的时间才能够确定你的理想产品范围，如果实际时间越短，你浪费的资金就越少，选择的销售商越多，成功的概率越大。

款式名称	*玫瑰印花丝绉*	*黑色丝绉*	*红绸绉*	*波尔卡图案印花丝质雪纺绸*	*郁金香印花棉*	*白棉*	*夏蓝棉*	*奶油色开司米针织*	*黑色开司米针织*	*总计*	*价格（英镑）*
迷你鸡尾酒礼服	×	×		×						*3*	*145.00*
超长礼服	×		×	×						*3*	*190.00*
夏装连衣裙					×	×	×			*3*	*95.00*
衬衫连衣裙					×		×			*2*	*85.00*
露背卡米	×	×		×						*3*	*80.00*
派队卡米		×	×							*2*	*95.00*
束腰大衣	×		×	×						*3*	*110.00*
系扣衬衫					×	×	×			*3*	*65.00*
露背背心		×		×						*2*	*75.00*
夏季针织衫								×	×	*2*	*130.00*
夏季短裤						×	×			*2*	*45.00*
紧身裤						×	×			*2*	*75.00*
裹身裙	×		×							*2*	*110.00*
围巾	×			×	×					*3*	*30.00*
总计	*6*	*4*	*4*	*6*	*4*	*4*	*5*	*1*	*1*	*35*	

在确定新的产品系列的时候，分析以前的情况很重要。通常情况下，可以采用SWOT分析方法。

SWOT分析

优势： 什么有作用？为什么？

劣势： 什么没有作用？为什么？

机会： 你可以做些什么来提高品牌的性能？如何才能把劣势转变成优势？

威胁： 能够威胁到你的品牌的外部因素有哪些？

功能性、时尚性和附加值

产品的开发者在查看他们的产品在预计的市场范畴中是否有较大的影响，通常会考虑三个主要方面：功能性、时尚性、附加值。对于小品牌来说，根据以下这些方面来分析和衡量他们的产品范围是很有帮助的：

功能性

从一开始就确定你的产品所能提供的功能。人们购买服装具有一定目的，如果满足了客户的需求，可能会大幅增加销售的数量。因此，如果你想要开发一系列的冬装产品，你需要考虑它们是否保暖；如果你想开发沙滩上穿着的泳衣，你要考虑客户穿着它时是否会过于暴露。而且，最重要的是，你的产品是否能够让客户充满自信和感觉良好？

你必须先了解你的客户，然后才能确定其功能性、时尚性以及附加值对客户的影响

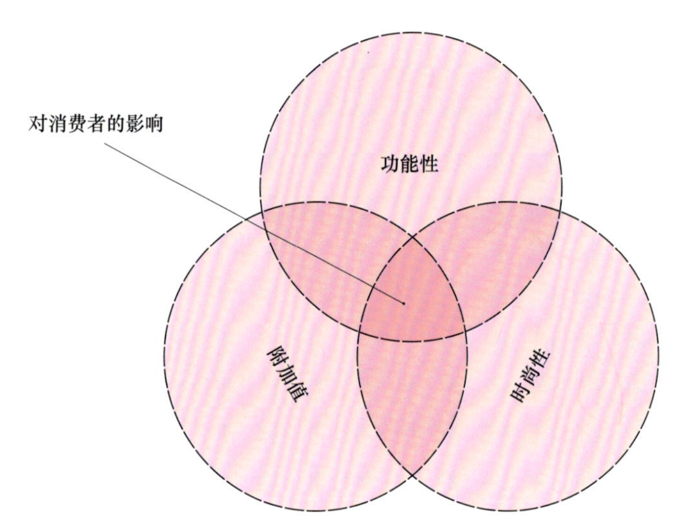

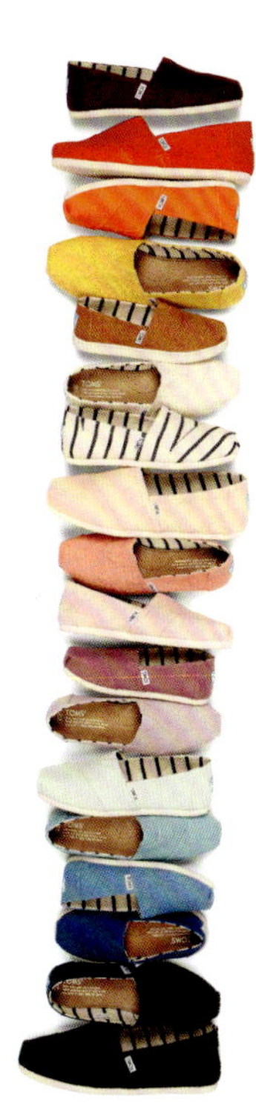

TOMS在为有需要的人提供鞋子、眼界、饮水以及更安全的生育服务等这方面取得了巨大的成功

时尚性

这就要看你的目标客户对时尚的敏感度以及他们所处流行趋势等级的位置了，你需要相应地调整产品的风格、外观、色彩、面料、印花和饰品。有时在开发自己的产品系列时，稍微落后于流行趋势的话会更容易一些，因为你能够根据时尚领导者开发的产品而了解流行趋势，并相应调整自己的产品范围（参考本书第11章）。

附加值

附加值的实现可以从产品本身，如使用独特的面料、精致的搭配、精选的配饰以及较随性的印花元素兜衬、女用手包中配套的钱包等来实现。当然，附加值也可以从设计师或品牌的形象和客户对你的认知来获取。发布会和广告有助于提高你的品牌形象，并通过销售的每件商品增加附加值。千万不要低估优质设计带来的附加值。

任务：

开发自己产品的模板

从确定你的产品的功能和客户档案开始。在确定风格和色彩前，首先确定出产品系列的数量（作为尝试数量20～30种是不错的起点），给出大致的参考零售价格。然后检查一下模板，看看是否已经获取了产品系列之间的平衡，是否充分地运用了每个色彩，是否还有其他风格可以选择，是否满足你的价格结构。

时尚零售体验中心The Goods Department又被称为“The Goods Dept.”，在此聚集了各色时尚零售商，为来自印度尼西亚年轻的设计师们以及国际时尚大牌提供了平台。The Goods Dept.以时尚服装为核心主导商品，汇聚了一些满足生活需要且被精心挑选的其他时尚产品，并与Goods F&B概念餐饮品牌毗邻。

这家商店的目标一直是针对当地的新锐以及后起之秀等设计师来打造的一种具有创意精神的时尚圣地，同时通过提供较为合理且可行价位（介于20～300美元）的产品来营销。其联合创始人辛西娅·维尔乔（Cynthia Wirjono）解释道：“我们的USP（USP通指独特的销售主张）是驰援与支持本地的独立设计师品牌，帮助他们向市场提供独特的时尚单品。在雅加达不太容易找到一些新兴的、受追捧的国际品牌以及与本地相辅相成的时尚产品。”针对一些“群体”的关注与营销也是我们的重点所在。

这家商店的幕后团队——拥有活动企划背景的人员，音乐、环艺设计人员以及零售营销团队等被邀请为雅加达的一顶级购物中心“印度尼西亚广场”设计一次活动。不拘泥于单一的设计理念，团队人员认为这是一个向消费者推荐来自印度尼西亚本土有才华设计师的良机，决定采用“全方位酷起来”的有趣命名打造一个持续四天左右的周末休闲活动日，内容包括时装、流行音乐以及各色美食等，统称为“靓点”活动。一开始他们很难说服那些设计师品牌过来参加，摊位只有25个；然而，“靓点”很快就获得了成功，大约有5000名游客参与了第一轮的活动。他们把这个概念带到了雅加达其他商场，年内又开拓了四个市场。“靓点”后来迅速成为“印度尼西亚青年创意才俊们以及企业家们展示产品以及品牌的平台”。越来越多的设计师加入到后来持续发展的活动中，而观众的数量也随之逐渐增加，“靓点”逐渐成为“雅加达以及印度尼西亚时尚零售业的标尺”。通过4次转型，该活动在短短的4天内已超拥100个展位以及33000名到访者。

在“靓点”令人难以置信的成功以及在印度尼西亚广场一年多的空间支持的探索中，团队认可市场上有足够的消费需求而决定开设一家持久的商店。2010年，拥有1000平方米的The Goods Dept.实体生活馆问世，利用咖啡厅以及多功能活动空间来满足一定的消费需求。“我们希望来此消费的人群能够沉浸在我们为他们打造的时尚生活方式中，这里有时装、艺术、音乐、电影以及一些极具创意的空间等，而且各具特色。”为了顺利开张，他们接触了天使投资基金来帮助商店进行装修以及最初几个月的成本支持。联合创始人克里斯（Chris）回忆说：“我们非常节省开支，购买了一些尾货家具以及尽可能采纳不同的方式来开源节流。我们在开店前一个月于此场地又举办了一次‘靓点’集市活动，向追随者们展示了一个非常酷的靓点。”在开业后的第7个月他们开始获得投资回报并一直持续收效。

起初他们和印度尼西亚本地约80个不同的品牌进行合作，大多品牌已经被证实在靓点的销售中有盈利。团队与品牌商们紧密合作以确保他们的质量、设计和价格符合客户们的期望。来自印度尼西亚的独立设计师们有一个大都需要面对且普遍存在的问题，即无法核定产品的供应量，而在将之转变为“要么买要么不买”的销售策略且将稀缺性转换成为零售体验的一部分之后，情况有所改观，顾客只有不多的时机能够看到他们喜爱的商品。大多设计师有自己的工作节奏，因此在一年中不同的时节都可以看到新品的发布。这种不断出新的方式以及良好的时尚氛围促使很多The Goods Dept.的追随者成为他们的忠实客户，并有规律地经常拜访此店。

团队还决定在一年之内推出The Goods Dept.品牌商品，首推的包袋很快销售一空，并迅速地展开一系列时尚生活馆的产品开发。大概在两年后，其开发的自有品牌几乎填补了消费者的购物空白，而这些并非来自那些独立设计师品牌。The Goods Dept.自主开发的商品主要是聚焦升级版高品质的基本品和牛仔服装系列产品。他们不太依照传统季节的上货节奏来发布这些系列：“我们有自己的时间作息表，一般比一年两个高峰季如穆

The Goods Dept.从一开始就建立了一个以体验为基础的时尚零售环境，融合了时尚、生活方式、音乐以及餐饮等为一体的综合体验馆

THE
GOODS
DEPT

斯林的古尔拜节季和圣诞节季等发布的时间更快一些。我们也非常关注来自全球的时尚流行趋势信息，诸如将其中的色彩以及款式信息等转换为具有本土风貌的时尚产品。”

对于The Goods Dept.而言，社交媒体是其重要的营销手段，其主要聚焦于Instagram社交媒体平台。“The Goods Dept.和‘靓点’市集是从一个社区发展起来的，并随着社交媒体平台的发展而壮大。”2010年在Instagram作为一个重要的推广平台出现之前，品牌The Goods Dept.就已经在Instagram上推出了，“这与在Twitter上的发展不谋而合，并有助于品牌在初始阶段就进行传播”。The Goods Dpet.的团队坚持自行管理公关交流等事物，认为这种方式能够将该品牌的文化特性以及营销特色、内容理念等更直接更贴切地传递出来。

团队注重将一些有特色且不太容易获取的知名国际时尚品牌带到雅加达，同时通过国际高水准的时尚带动当地设计师的影响力。“我们在洛杉矶找寻一些独立制作的街头时尚品牌以及将耐克（Nike）的生活类产品也引进来，还有阿迪达斯（Adidas）的火爆款Yeezy系列鞋，以及一些引领时尚潮流的各色品牌。”这种不断在全球进行最新时尚搜索的态度使得The Goods Dept.商店集市在雅加达一直处于潮流领先的地位。

联合创始人辛西娅根据市场营销4P原则这样说道：“我们认为在The Goods Dept.的4P原则中，首先最为重要的是通过售卖的产品（Product）来传递我们的理念”。其次是价格（Price）：“在大家可接受的价格空间中提供物超所值且独特的商品也是我们重点考虑的。” 接下来是促销（Promotion）：“通过一些专题活动进行产品引导性的促销是传递品牌理念的重要方式。”最后就是地点（Place）：“尽管我们的目标是一流且顶级的购物广场，但我们还需要把这些空间做得更好。”

到2018年，The Goods Dpet.已经发展成为在雅加达拥有7家占地均值约500平方米的零售市集，并配有多家独立的餐饮店。“靓点”集市仍然每年举办一次，2017年的活动在4天内吸引了83000人次的游客。对于团队来说：“当关注你的品牌成为人们生活的一部分，这是工作中最有回报的内容。我们打造的这样一个工作环境能够在努力工作的过程中充满乐趣。”未来，我们希望这个零售理念扩展到印度尼西亚其他地区的一些大城市。”2017年，他们接受了一家大型风险投资机构的投资并同时用于时尚零售与餐饮。

针对初创企业，The Goods Dept.团队希望给予的建议是：“需要瞄准你制订的目标市场——诸如何时将开创你的品牌以及将你的客户需求铭记在心。尽可能全面地了解涉猎的相关内容，并确保你的品牌与之产生共鸣。”他们还认为：“坚韧不拔是创业者最重要的品质。他/她需要一个经过周密计算、可行的最终目标。这一路上需要导师指引并不断学习。”

The Goods Dept.为支持印度尼西亚的后起之秀年轻设计师而给他们打造了一个平台专供并与国际品牌齐晖相映

第十章　开始生产

如何生产以及在哪儿生产你的产品，是创建品牌的过程中最令人头疼的环节。简言之，寻找生产商，按照你要求的质量、数量和计划，以实现利润的价格来完成产品加工，是不太容易的。本章将为你介绍这个过程。

生产的选择

了解生产过程中相应的技术环节很重要，这会让你在做决定的时候处于一个更有利的位置。可以选择的生产方式包括：

在办公室

如果设计师都是经过裁剪和缝制专业培训的，这种方式对新建立的品牌而言很常用。
可以生产少量的产品。
你能亲自监控质量。
当遇到大订单的时候会有一些困难。
你负责所有原料的采购。

家庭手工

把你的产品样品/生产外包给手艺熟练的人（成衣师裁缝），他们通常在自己家中工作。
可以按照小时、天数或者样板服装配件来收费。
每种款式生产的数量可以少一些。
如果他们在本地，你可以随时监控产品的质量。
对于大订单而言有一定的困难。
你负责所有原料的采购。

CMT（来料加工，Cut裁剪、Make制作、Trim装饰）

把样品生产外包给有一定生产规模的机构，他们负责裁剪、生产和装饰处理。
可以小批量生产，对于大订单来说比较容易处理。
你负责所有原料的采购。

全套生产商

把样品生产外包给工厂，你需要交纳样板、面料、CMT等全部费用。
可以提供面料、装饰以及标签的采购。
可以直接把产品发给购货商。
通常要求生产的数量较大，这与工厂的规模有关。

图片来源于David Hardy

生产过程

对于小型服装品牌来说，在诸如家庭手工作坊生产样品或产品的情况相当普遍。但是，一旦业务发展以及品牌成长起来，你就必须监控一切，如裁剪、制作、装饰处理等，或者找一家大型生产企业来满足你的生产需求。

当你开始创建自己的品牌时，就像其他很多事物一样，开始总是最困难的。尽管刚开始你的订货量因不能满足大型生产商的最低订单要求而不能和他们合作，但毫无疑问的是，他们提供的全套服务会大幅减少你的工作负担。大型生产商通常会与面料以及辅料供应商保持合作关系。因此，相对你个人与这些供应商交易而言，通过大型生产商来进行生产能够帮助你降低成本、缩短交货时间。

当在公司内部进行生产或与家庭作坊合作又或者是直接通过外贸采购原料时，你直接负责购买产品所需要的组成部件。根据产品的复杂程度和寻觅生产组件的难易程度，这可能意味着你需要花费大量的时间用于和供应商联络、协商、谈判以及采购上。这也迫使你必须一直把控好这一切，并且，以产品生产经理这一角色展开工作将是你必须履行的重要职责之一。你的生产线越快、越精准，你的业务发展机会就越大。

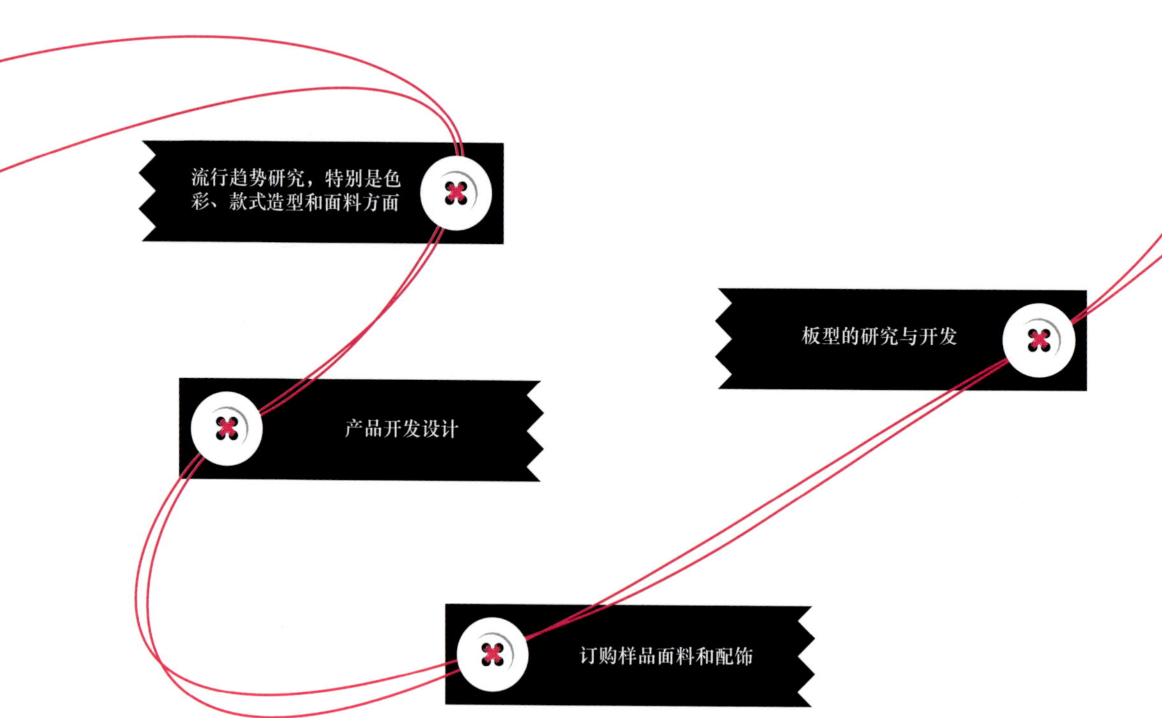

越来越多的设计师在这个阶段会考虑一些和环境以及社会相关的潜在问题，换句话说，他们的产品生产将会对环境以及劳动力产生一定的影响。他们选择那些有共同价值观并持有资质证书的供应商来合作。

尽管你设计的产品类型决定了其将要采纳的生产流程，但大多数时尚产品都有一些共同的关键阶段。

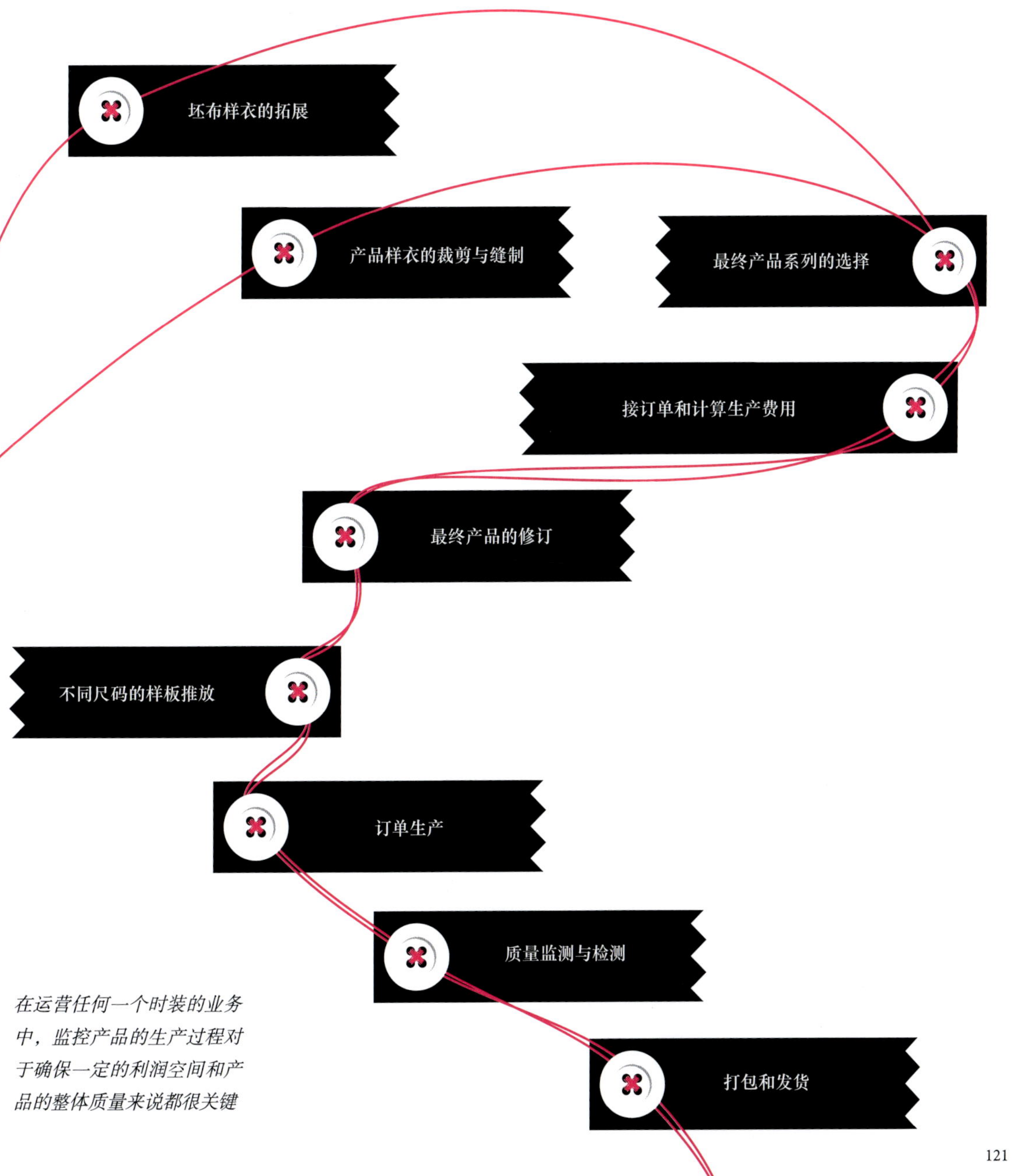

在运营任何一个时装的业务中，监控产品的生产过程对于确保一定的利润空间和产品的整体质量来说都很关键

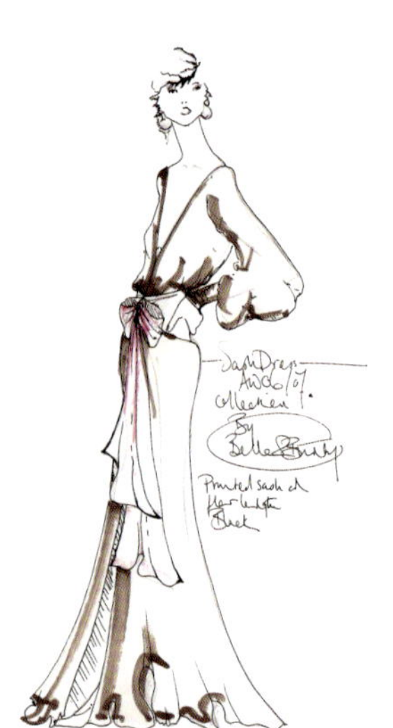

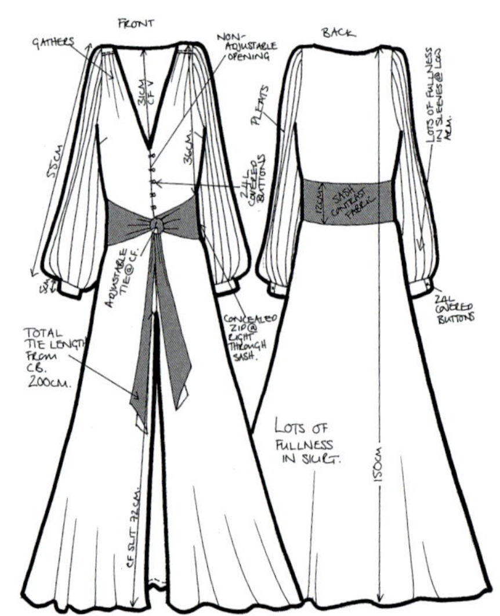

设计师的草图绘制将在最终产品生产之前，通过规范的技术图稿形式提交给生产商

流行趋势、色彩、款式、面料的研究

本书第8章介绍了时装流行趋势所包括的诸多方面，你要尽可能地适应这些变化及要求。

产品设计

制造商开始生产时，你需要提供技术图稿——“规格图稿”或图例说明”——供生产商参考的规范表单。应当尽可能地保证它们的准确性，否则，如果生产的第一个样品与你的设计有误差，你可能需要额外支付一笔费用。

订购样品面料和配饰

产品能够获取成功的一个关键因素，就是你得拥有以合适的价格、合适的质量采购产品面料和配饰的能力。全套生产商一般都提供面料采购的服务，但是大多数设计师都会亲自采购面料，以确保采购的精确，还有一些设计师为了产品的独特性而开发自己的面料。

一般来说，面料展会以及面料代理商是采购面料时最常用的两个途径。大型国际展览，如巴黎的 Premier Vision和 Texworld，都有许多参展商和参观者。面料代理商是为面料供应商服务的。针对致力于关注循环供应链的设计师而言，织物回收中心也被证实是一个很好的材料来源。

作为一个初创企业，建议你在了解自己的生产数量之后再采购产品的面料。许多知名设计师都会根据以往的销售情况预测当前的采购规模，但是，这对小的品牌来说风险很大。

在面料展会选择面料的窍门

***Suzanna Crabb*——女装品牌 Suzanna创意总监（suzannah.com）**

- *首先你要确定你感兴趣的时尚潮流趋势，然后通过面料展会进行确认，同时也可以作为激发创意的机会。*
- *展会可能很大，并按照类别分区，因此要写下你大概想要的面料列表能帮助你提高效率，如牛仔布、印花丝绸或者针织面料等。*
- *带着名片。*
- *尽量在最后一天或第一天参加展会，这个时候展会的人较少，不要忘记在展位上拿一些剪报。*

样板开发

这是生产样品的第一个步骤，即板型的研发——也是服装穿着舒适度的基本保证。如果舒适度很差，产品的销量就不会好，因此，这对你或者是外包人员的经验要求很高。

坯布样衣

板型裁剪之后就是坯布样衣的制作。一般在正式样品生产之前都采用棉麻等坯布作为材料制作样衣——坯布的成本很低，因此在服装定形之前，都要采用坯布作为实验材料。

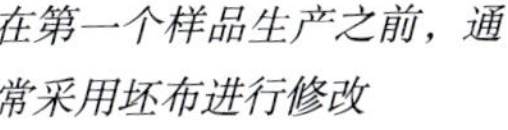

在第一个样品生产之前，通常采用坯布进行修改

样品裁剪和缝制

一旦选择好了样品面料以及需要裁剪的板型之后，就可以开始进行产品的配组了。样品是完善销售和提高产品质量的主要方式，因此需要样品非常精准。如果你仔细地检查过之前的每个步骤，那么样品与你最初的设计应该是没有什么差别的，即使是采用外包的方式也是如此。这个过程中，调整和必要的修改是不可避免的。

最终产品选择

在开始产品销售之前，你需要对你的产品系列进行调整。当生产的样品出来之后，你可能会发现个别产品不太合适，会影响到整体的产品效果。最好把它们从你的产品系列中剔除掉。

接受订单和计算生产费用

在季末，如果你对订单有了一定的把握（参考本书第11章），就需要计算生产费用，包括每个系列产品的数量、色彩以及尺寸等信息。这些信息反过来会决定面料和配饰的数量。全套外包厂商都有跟单员，他们负责产品的生产以及面料和配饰的数量。如果采用在办公室、家庭作坊或者是CMT方式生产的话，就需要你来负责计算面料和配饰的数量。你必须认真对待，避免估计过多或过少。通常你可以采用一些软件来帮助你完成这些计算。

就像管理生产运营的电子表单一样，把产品的计划表或生产表提供给生产商是一个好主意。除了每个尺寸产品的生产数量之外，它还要包含所有产品的详细信息。

最终产品修改

销售季节结束的时候，你必须对你的产品进行最终修改。你要和你的产品团队迅速、明确地对改动加以交流。这意味着需要修改规范草图或在已有的规范表单上进行标注等。千万不要只是简单地口头告诉你的团队哪些地方进行了改动，他们需要对此进行记录并保存。

不同尺码的样板推放

在开始销售产品之前，你应该确定你提供的尺寸范围。你需要根据确定好的尺寸，对最初的样板进行调整，直到涵盖所有要生产的尺寸。

较为规范的技术说明在被送到生产加工的厂家之前，需要经过多次修正

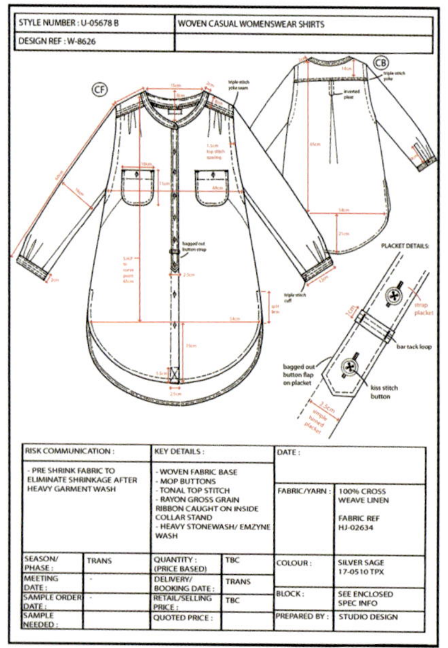

对于大多数设计师而言，创业初期，整个产品的质量、打包盒运输等相关事宜由他们自己来把控

订单生产

你必须以生产管理者的角色来监督实际产品的最终生产过程。在创业阶段，你可能需要自己承担这项工作。你和订货商确定好了发货日期（参考本书第11章），因此你也希望你的产品能够按照质量要求按期发货。这就需要你管理好你的生产团队。很明显，生产团队的地理位置越远，管理的难度越大。建立实际的生产时间表，你就能够以周或月为基础判断生产是否按照计划进行。你的职责就是确保一切按照计划进行。

质量控制检查

质量差会损害你的品牌形象。确保产品质量的切实方式，就是对每个产品反复检查。

质量控制检查应当贯穿整个生产过程，以把潜在问题减到最少。如果发现缺陷需要重新生产的话，会影响你的交货期限。

打包和发货

销售产品时，你必须和买家就发货条款达成一致协议。小的品牌通常把发货的责任交由商店来承担。一旦货物离开工作室，即使出现问题也能够保护你免受损失。在签订合同的时候，记得写下这些条款和条件。对于商店来说，他们会附上交货方式，可能包括服装以挂式或平铺叠放方式提交。百货商店通常有着严格的要求和规范，你需要提前和他们签订交货协议。如果你没有满足其中的条款，通常会导致退货并根据订单收取违约费。

如果在国外进行销售并同意以登陆价格销售产品，你不但要负责运输，还要承担相应的进口费用。确定协议价格包括这些费用。

如果在海外生产产品的话，你也需要负责货物的运输。最好和运输公司建立联系，让他们负责相关事宜，包括文书工作和保险。这意味着通常由他们负责各种费用。之后他们会把这些费用通知给你，并在结算前给你一定的时间期限。

最低限制

最低限制就是你从供应者处订购货物的最小数量的限度。最低限制的存在是因为如果生产的产品数量少的话，他们会无利可图。所以，为了确保订单的价值以及留有一定的利润空间，供应商通常会对货物指定一个最低限制。最低限制通常用在面料或者配饰的生产数量上。

最低限制的变化很大，通常面料订单范围为20～2000米，这和供应商有关，但是对于设计师而言，其需要的范围在200米左右。你会发现，CMT可以按照风格并以件为单位提供给你任何材料，只是价格更贵；而全套生产商会要求每个款式至少500件，但是平均到每件的价格更低。

最低限制应对策略

增加单价：尽管供应商为了确保利润而设定了最低限制，但是你可以通过提高单价来减少订单数量，可能让你的花费更低。

使用存货：大多数生产商和供应商都会为面料和最终产品进行存库，你会发现存库货物对最低限制更灵活。如果你不能找到确切想要的面料的话，可以问问他们是否有类似的存货面料。你可能会在供应者那儿找到你可以使用的、类似标准的面料，这当然和你的产品特性有关。

订单附加：如果你不能达到最低限制的要求，你可以问问是否有机会把你的产品附加到其他大订单中。

创意设计：在你的产品系列中减少款式数量并选择使用更少的色彩，这样也许就能够符合最低限制的要求了。否则，你也可以购买大量的白色面料，然后自己动手进行染色。正是由于这个原因，设计师针对一个面料进行多元设计再造而取得成功的例子很常见。

对于户外服装品牌Picture Organic Clothing而言，来自土耳其的一家工厂是其运动衫的必然选择，因为该国的有机棉享誉全球

专有权

对于小订单，供应商并不会热心地为你提供专有权。没有专有权的话，其他主要对手就可能趁机进入并获得专有权，从而把你晾在一边。你也许会发现他们也在销售一模一样的产品，并且价格更低。

专有权倾向于向可辨认的特点发展。印花织物设计就是一个例子，可以让你的产品和竞争对手的产品明显区别开来。

开发自己的面料并配以独特的印染方式是一个很好的选择。但是，如果你购买面料或者采用现成产品的话，你需要考虑别人是否已经选择了相同的产品。

寻找生产商

随着销售的增加，你需要寻找一个更合适的生产商。

如果打算外包生产时，你需要考虑许多事情。刚建立的品牌可能因为没有足够的时间寻找合适的外包生产厂商，从而陷入困境。花点儿时间考虑下面的问题将对你寻找生产商有所帮助。

位置

对你而言，生产商如果在工作室的旁边是一个理想的情况。如果不是这样，尽可能在本地寻找。你与生产商之间的距离越远，你们之间的交流也越不容易，因此顺路拜访也更困难。有时，选择生产商的地理位置因你的产品类型甚至是你所企划的产品形象而受限。

正如总部位于法国的Picture有机服装（Picture Organic Clothing，参考本书第160页）联合创始人朱利安·杜兰特（Julien Durant）所解释的那样，“由于土耳其是有机棉领域的世界领先者之一，因此在土耳其开创生活棉产品等是首选。如同最初大家相互信任一样，我们和工厂之间的合作已经有十年的时间了！而外套产品的系列开发是从突尼斯开始的，但很快由于质量与价格等原因，我们转战其他地区了。”

如果你的生产商在海外的话，最好采用代理来监管生产流程。代理通常和许多生产商都有联系，并且能够为你寻找合适的生产商。

一些网站，如www.alibaba.com，提供了许多生产商，但你应当只在最初的时候使用。你必须对供应者进行研究和拜访，以确定他们适合你。你也可以联系各个国家的贸易联盟，来获取潜在的生产商列表。

面料、机器和生产工艺

你应该很熟悉你所采用面料的生产商合作，他们可以提供所有你想要的参考。你可以要求进行样品生产来证明他们的工艺水平。当然可能需要为此付费，但从长远看来，这也许会让你节省一大笔开销。

如果你从一个国家把面料、配饰运到其他国家的话，你需要对每个商品所付的税费进行审核。有的国家为了保护自己国内的市场，会对特定的原材料收取很高的进口税。

质量

产品的质量是决定成功与否的重要因素，产品的价格越高，产品的质量应该越好。不同的国家对于高质量的评价标准可能不同，因此你的样品起着举足轻重的作用。开始生产的时候，你的样品应当能够作为你所期望的生产质量标准。

= =

任务：

1．列举并确定你认为质量和成品都很优秀的三个时尚品牌。看看他们的销售商列表，并根据服装的标签留意它们是在哪儿生产的。通过在线搜索、代表机构或者目的国家的贸易机构等，获取生产商的列表。

2．顺便了解一下本地的情况，列出一个缝纫工、裁缝以及干洗店员的清单。了解一下他们的收费情况。即使是把订单交给大生产商，手头上保留一份相关记录对于处理突发情况也有好处。

= =

交货期

和订货商签订了交货日期之后，你必须确认你的生产商能够按照日期发货。不同的工厂，交货期限也会存在差异，大多是要求60 ~ 90天的时间。这个时间可能包括他们收到面料和配饰的时间。但是交货期是指货物即将离开工厂的时间，而不是到达你那里的时间。接下来该是运输工作了。

数量

生产商是否能够按照你的价格生产所需数量的产品？

可靠性

你要确认生产商是值得信赖的。他们应该能够按期交货，并且能够满足你的质量要求。你也希望能够确认他们的业务是稳定可靠的，而且愿意生产你的产品。你可以从他们的其他客户那里了解相关情况。

协商

除非你的订单数量有所增长，否则生产商从你那儿赚不到什么钱。其结果就是，你对他们的吸引力不大。最终你会发现，大的生产商甚至不愿意和你合作。你必须让你的生产商确信你的发展潜力，让他们尽可能认真地对待你的产品。

因此你需要：

增加订单数量。
再次订货。
按时支付。
当你的产品在媒体上出现并被报道时，让加工商们也了解这些情况；因为和成功的企业进行合作，生产商们也会有荣誉感。

可持续性

正如本书第121页所讨论的，很多品牌都在寻找可持续发展的原料用于开发自己的产品。因为原料和符合道德标准的供应商相对稀少，所以可能会为产品的开发和生产过程的监控带来更多的工作量。但是，可持续性可以为你的产品和品牌带来附加值，许多时尚企业崇尚的可持续性都是他们品牌价值的核心。

与供应商合作的重要技巧

勒妮·克科（Renee Cuoco）——时尚与可持续发展顾问兼可持续发展时尚中心经理

1. 做好你的研究工作。有很多工具以及资源可以帮助你在材料方面做出较好的选择（如由耐克公司提供的材料可持续性指数制作应用程序）。在与供应商交流之前，确保你对打算使用的主要材料与工艺流程有充分了解。

2. 将你需要完成的事项做一些优化处理。在找寻不同素材不同原料之际实在有太多的问题需要考虑，更不用提那些一时间几乎不可能解决的问题。所以好好构想一下哪些方面的问题对你而言是最重要的，哪些影响最大？快速制胜的核心点是哪些？

3. 敢于问问题。即使没有透彻地相互交流过，也能感受到来自世界各地不同地区的供应商们针对可持续绿色生态产品的生产有着不同的立场与看法，所以通过问问题加以交流是非常必要而且也是值得的。可以从供应商在可持续拓展方面所采纳的政策开始了解，如果供应商、生产企业以及一些环保治理部门等有合作，那么也请你关注一下在时尚供应链中其透明度有多高。

4. 寻找认证。在采购一些特定的材料时，寻找能够合法验证其可持续属性的认证。例如，如果你对采购有机材料感兴趣，请向供应商索取GOTS（全球有机纺织品标准）来认证有机材料并进行选择。在选购材料时，可以留意那些各色各样的可持续性认证，其中许多不会增加成本溢价。

5. 与他人一起创新。新思想新态度等每天都有变化，包括可持续性设计态度，例如从无水染色到实验室种植皮革等。如果你有兴趣创造较独特的东西，去找寻那些愿意将他们的创想与时尚产品相结合的合作者们一起来努力，或者与你的供应商一起探讨有关想法与理念。愿意同他们的客户共同开拓新产品新材料的供应商也不在少数，他们规模不一。

例如，Making这个应用程序可以帮助设计师进行可持续性材料的选配与认定

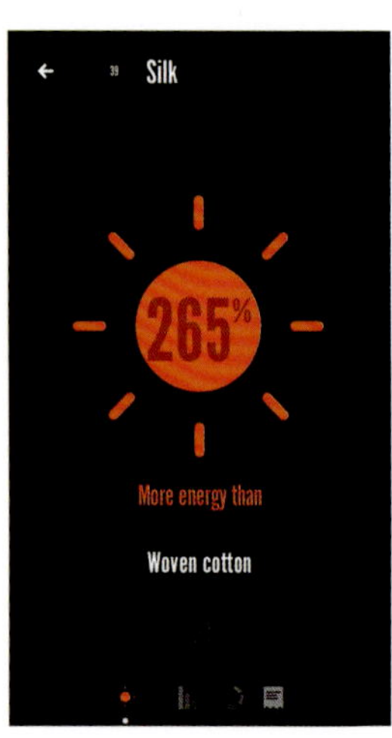

公平贸易

公平贸易这一社会性活动旨在通过公平的薪酬发展、改善社会以及环境的标准等，来提升发展中国家在生产与制造中的总体条件。在这些地区有很多公认的组织对公司以及企业进行认证，所以在寻找需要合作的供应商以及制造商时，要看看他们的资质在哪个标准上。例如，展示具有公平贸易棉花商标的床上用品，意味着此产品系列拥有合理的交易基础。不管你看重的是生产加工条件或者是实践操作水平，重要的是确保他们遵守你所期望的标准。

术语和条件

在合同的开始部分，对术语和条件达成一致很重要。尽管生产商不愿意立即签订合同，但可以通过采用口头协议或者邮件的方式进行确认。下面的内容可以供你参考。

全套生产协议

全套生产协议包含订货数量、运输、付款、保险、质量和交货日期等信息。其中也应该包括如果没有通过协商或得到同意等内容，生产商不能将设计卖给第三方。

样品生产的协议

是否需要为样品付费，或者如果保证每个系列的产品都生产一定数量，样品是否能够免费？如果生产的样品最终没能够大量地投入生产，样品的所有权归谁？

保密或不公开协议

这个条款表明，生产商不能够和第三方讨论你的产品，或者把产品拿给别人作为参考。一些小型生产商可能会为了利用你的声望以及良好的合作关系，进而把产品拿给更大的、从事批量生产的客户炫耀。

价格和付款

生产商会根据所提供的规范图纸确定一个大概的估价，一旦样品生产完成之后，每个系列的产品价格就能够基本确定。如果与生产商是全面合作的话，那么这个价格就包含了除运输费用之外的一切费用。你应该和他们讨价还价，虽然生产商们有一个最初的价格，但他们还是希望能够争取到更多的利润。另外，付款方式达成一致也很重要。

发货

大多数生产商都希望从自己的工厂提取货物，尤其是包括进出口税的时候。除此之外，还要确认生产价格中是否包含了这一笔费用。

常用发货方式

工厂价：*这个价格只包括工厂货物的生产费用，由你负责运输、保险等方面的税费。一旦产品离开工厂，货物的所有权就转移到了你的身上。*

船上交货：*是指在装运港，货物越过船舷，卖方即完成交货。很明显，当货物摆放在船舷上的那一刻，一切都是你的了。*

成本、保险费加运：*这个价格包括生产商负责货物的本身价格以及运到目的港（卸货点）的运输费用，同时还有货物运送到你处所有的运输费用。*

成本价运费：*生产商提供的价格包括产品本身的价格以及运输的价格，但不包括保险费用。*

登陆价：*包括货物价格、保险、货物运费、配额税等相关费用。*

生产是一个持续的过程，因此需要你能够迅速地做出反应。它可能是运营品牌最耗时的过程，尤其是当你想在一年内推出两个、三个甚至四个全新的产品系列的时候。你会发现，当产品的样品生产出来需要进行产品检验时，又该到需要管理过往季节的产品订单生产监控以及发货的时侯了。

给自己12～18个月的时间整理整个供应链，让你的产品在首次推向市场时，为业务发展最大化打下坚实的基础。这个过程不能太匆忙了，当然也需要你全身心倾力打造才行。

常见的一年两季生产日历（北半球）

月份	2021春季/夏季	2021秋季/冬季	即看即买时间表
2020年2月/3月	面料研究 开始设计		
2020年4月	选择面料 订购面料		
2020年5月	样板制作 样品生产		
2020年6月	产品系列开发		
2020年7月	建立产品系列 样品完成		
2020年8月	销售季节开始		
2020年9月	产品展示 开始预售	面料研究 开始设计	
2020年10月	订单签订完成	选择面料 订购面料	
2020年11月	生产材料订购 开始生产	样板制作 样品生产	
2020年12月	生产监控	产品系列开发	
2021年1月	生产监控	建立产品系列 样品完成	设计评价
2021年2月	产品到达 发货给商店	销售季节开始	样衣
2021年3月	继续发货 催款	产品展示 继续销售	样衣
2021年4月		订单签订完成	样衣
2021年5月		生产材料订购 开始生产	样衣需要完成
2021年6月		生产监控	为9月份的市场开拓以及营销做图像拍摄
2021年7月		生产监控	针对买手和媒体的限量版系列展示以及下订单 编辑策划以及广告内容制订
2021年8月		产品到达 发货给商店	完成产品新系列
2021年9月		继续发货 催款	T台展示以及即刻完成系列销售 着手准备来年2月份的系列产品设计

案例分析：克里斯多弗·雷伯尔尼（Christopher Raeburn）

克里斯多弗·雷伯尔尼（Christopher Raeburn）是一位来自英国的设计师，以其开创性的理念而闻名，从军装材料入手开拓的男装以及女装系列很有创新性，因而备受关注。2006年，他从英国皇家艺术学院获得文学硕士学位，两年后他创办了自己的同名品牌和“一家与他人合作且富有创意的时装工作室，在这里，日常的设计与艰苦的制作相得益彰”。

克里斯多弗的每个系列都重新部署使用过军装上的面料，因此也具备了可循环再设计的特征与价值。然而，他也很快指出这种产品“对于大多数设计师来说有着不同的艺术美感”。“我一直痴迷于军装面料以及它们在功能性上的品质”，他解释为两个原因：一是其具备功能性和防水性的特点；二是其大多由军事管理体系所决定，为了保证军事装备的充足而有额外的生产量所产生的库存，构成了原料的来源。由此，克里斯多弗用上了一系列的材料：如降落伞、羊毛夹克战斗服、消防长裤、雨衣、帐篷等，并且产品的列表还在增加。

克里斯多弗所有的设计都是在英国伦敦东部自己的小工厂里完成的。他使用“英国再制”（Remade in England）的术语来推广自己品牌标签背后的理念。“这个概念有助于解释我在英国拓展业务的大方向，我们将重新解构旧服装以及给它们注入全新的风范，从而打造一系列吻合当前审美的外套等。”克里斯多弗花了大量的时间研究供给与供应等情况，他选购了来自英国、德国、捷克共和国的旧军服面料，以及来自前东德多少带一些冷战气息的旧军服材料。他面临的最大挑战是找到足够数量的相应面料来进行规模化生产，这些面料应该能够制作100～200件的服装。

克里斯多弗指出起初他并不想要成为一个可持续发展设计师，但“这是一个令人高兴且意外的事件”。主要的焦点是“好的设计，在英格兰生产”。至于道德因素则是“来自我的创意工作以及采用这种特殊的面料”。如今，克里斯多弗被认为是在这方面有所作为且获得一定成就的设计师，他是第一个获得“Ethical Fashion Innovation Award道德时尚论坛创新奖”的设计师。作为奖励的一部分，为其可持续时尚设计作品提供了英国伦敦时装周Estethica展览会上免费进行展示的空间。克里斯多弗以此为契机推广其作品，同时他也被邀请到伦敦的Liberty以及纽约的Barneys时尚精品连锁店进行精彩的产品视觉展示交流。

一路走来，克里斯多弗获得时尚创业道路上的多项支持。他赢得了英国时装协会NEWGEN大奖的赞助，为他提供每年两次免费在英国主要时装周进行产品展示的展览空间，以及提供每年两次在巴黎和纽约举办的London Showroom展销空间。他也得到了伦敦著名的Selfridges、Harrods以及Farfetch的前创意总监苏珊娜·泰德·弗拉特（Susanne Tide-Frater）的精心指导，这也是英国时装协会基于生态环保时尚发展计划的一部分。他也成功地申请到Center for Fashion Enterprise’s（CFE）的投资资助——为新兴的时装设计师提供的发展平台。这一平台为他提供定制服装的业务支持、具有经验的业务团队以及免费的工作室空间。克里斯多弗说：“CFE一直都在帮助我发展业务，包括在战略以及管理方面的支持，也确保了我的工作以及业务发展总体而言井然有序。

他获得了包括英国时装协会年度最佳设计师以及年度最具突破性贡献的设计师在内的众多奖项，并与众多品牌诸如Timberland、Moncler、Barbour、Umbro以及Disney等进行合作。

自2017年，克里斯多弗将其设计工作室对公众进行开发；2018年，他被指定邀请成为Timberland的创意总监。他一直坚持着自己在创作中的核心价值观，被他总结为四个方面，即“4R”：“REMADE（重新再造）、REDUCE（减少使用）、RECYCLED（循环利用）、RAEBURN（重新开始）”。

通过创意设计与面料再利用的有机结合，克里斯多弗·雷伯尔尼成为世界可持续时装设计的领军人物

第十一章　销售产品

22500
22600
22300
22400
21500
22000
22100
10.DEEP.
PROUD TO BE A PROBLEM
BEAT EVERY ONE!
MCMXCV
10.DEEP.
LARGER LIVING
LARGER LIVING

销售就是关于人们之间建立信任、长期持久的关系。人们从他们喜欢的人或者网站上购买产品——一年中你只有两次机会与买家交易，因此在开始就定位好你的销售策略很重要。你必须对自己的产品非常有信心。本章介绍了时装批发和零售的各个方面，包括潜在的许可协议以及所有销售过程中重要的管理细节等。

销售渠道

在决定何时销售你的产品之前，首先你必须确定销售策略，是采用批发、零售还是两者结合的方式?

批发销售渠道

对于大多数批发销售商来说，销售周期受春/夏和秋/冬两个时装发布会的影响，一年中每次发布会对销售会产生2～4个月的影响。此时商店的买手会对新一季时装发布留有预算。如果你能够在整个销售季节中补充货源，以供新订单需求，那么你就能够获得更长的销售周期。男装与女装的时装发布会日期略有不同，男装发布会通常会首先进行。

“季前发布”（Pre-collection）展示秀通常比主流的季节T台发布会提前3个月进行，它对行业的经济发展也越来越重要。这些产品通常比T台产品更耐磨、更经济——通过设计师们的整理与再现，而成功地以快速时尚的模式及时出现在高端零售时尚区域。许多高端买家并不希望等到季节T台秀之后再下订单，这是因为对于他们的核心客户来说，发布会的时间太迟了。由于高端商店通常希望比其他人更早地获得服装产品，因此他们需要在购物季节开始之前进货。“季前发布”让商店能够更早地销售大牌设计师的产品，同时也给予设计师们自由创作的空间，以保持T台发布会更富创意。

位于美国拉斯维加斯的麦基克Magic交易会的采购预约现场

批发销售日期表（北半球）

秋/冬季前发布	*12月*
秋/冬发布会	*1～4月*
春/夏季前发布	*7月*
春/夏发布会	*8～11月*

即看即买的模式使批发销售期更接近消费者消费的季节（参考本书第133页）。早期采用这种模式的公司，例如，博柏利（Burberry）属于能够通过自己建立的高度成熟的分销渠道进行产品零售的公司，因此它对于批发渠道的依赖程度低于一些小品牌。

根据你的产品，你可能会找到一个可以全年都可销售的市场，你的进货商就有机会一次又一次地从你那里补充货源。这也就意味着你必须有一定的库存，如果你的备货时间很短，会导致供应链的紧张。

零售渠道

传统的零售渠道是受季节的影响而驱动的，并且货物到达会比批发方式晚3～6个月的时间。从设计师的角度而言，通常春/夏产品到达商店的时间在1/2月，而秋冬发布会则在8/9月。你的产品越大众化，短时间内机会也就越大，但是销售周期更频繁，产品到达商店时就是一年中适宜穿戴的时候了（参考本书第21页快速时尚模型）。

位于世界各地的新兴零售市场中发现，较发达市场所采用的传统季节模式已不再适合具有个性化要求的个人消费者，因此需要根据其最繁忙的购物时段来开发自己的零售日历。例如，中国的春节就是一个主要的购物时段。

来自印度尼西亚The Goods Dept.概念店的联合创始人辛西娅·维尔乔（Cynthia Wirjono）解释道："我们很少留意较为传统的季节性销售日历。我们会制订属于我们能够进行快速反应销售的日历。例如，一年中两次重要的销售购买高峰，分别在开斋月和圣诞季。我们关注全球性的季节色彩变化以及款式风格，然后将之演绎成适合当地人们的审美需要。"

批发

时装批发商把货物卖给那些将货物出售给顾客的第三方。如果你通过精品店、百货商店或者在线销售等方式把产品销售出去，即使只有几件，你也被认为是批发商。

你的产品必须时刻保持良好的展示效果，从而使买家选择你产品的机会最大化

批发的最大优点在于你能根据商店的订货量来限制最初的库存投入。因此，在向生产商购买货物前，你已经确切地知道你所需要的风格、颜色、尺寸以及件数了。

这种方式的最大缺点就是你不能获得产品的全部零售收入（参考本书第13章）。

许多时尚品牌开始时都选择批发方式的三个原因有：

资金的限制： 服装零售也就意味着更多的经费，包括库存的投资。许多新时装品牌承担不起这种费用。

分销： 批发方式给了你能够在全世界几百个商店进行销售的可能，让你的品牌快速地呈现在你的潜在顾客面前。

信誉： 选择知名零售商对你的品牌进行销售，也就等于告诉顾客你是值得信赖的。

工作室销售

作为一个新的时装品牌，让买家接受你有很大困难。你的图册以及其他宣传材料（参考本书第12章）的作用是吸引买家和你签订合约。然而，买家每个季节都会浏览几百个图册，所以你必须通过多种多样的方式来介绍你自己，确定他们收到你的图册和宣传材料并请求预约，从而与他们建立联系。

确保你的工作室传递出正确的信息，并且让产品看起来也非常棒。室内保持整洁并精心准备一番——鲜花通常让人感觉很惬意。给买家准备一些饮品并确定有足够的座位，让他们感到受欢迎而且舒适，这是和他们建立联系非常重要的环节。

拒绝也是销售过程中重要的一部分。知名的商店不会关注每一个新产品。即使他们想在目前所选择的几百个产品中抛弃一两个系列，而你可能非常幸运，恰好有他们想要的产品，但是对大多数的新品牌而言，通常需要渐渐地在这些商店建立起声望，直到时机成熟，他们才会购买你的产品。不要把“不”当回事，记住“不”并不意味着永远都是“不”。几个季节之后，当买家看过你的产品并慢慢产生印象之后，他们可能会乐意购买你的产品。一定要坚持。

展销会在大多数批发销售的时尚品牌的销售策略中扮演着重要角色,仔细地研究展销会，在申请参展前确定哪个展销会对你的品牌最适合

展销会

展销会这一方式可以给买家于短时间内在固定场所浏览许多不同产品的机会。选择正确的展销会是关键——你不可能将大量金钱花费在错误的展销会上。你可以进行以下调研：你的竞争对手都参加哪些展销会？向组织者要一份参加他们前几期展销会的参展商和买家的列表。向其他参加过这个展销会的时装品牌了解情况。你也不希望只根据前几届参展商的名单就签订参展协议，一旦出席的买家很少，这些参展商就不再参展了。

展会的组织者决定哪些时尚品牌能够参加展会，他们将努力保护展会的总体声誉。你必须表现得专业一些，那些发布会前的新闻宣传会给人留下深刻的印象。如果你有存货，也许你会把买家带到展会；也许需要一段时间（诸如几个销售季），你的品牌才会被认可，特别是在一个有着成熟品牌的大型展览中。

一旦你被认可，你需要考虑如何来展示你的系列设计。在第一季中，你必须保持一个紧缩的预算。这意味着不要订过大的展位。但是，你需要一个足够的空间以专业的、具有视觉冲击力的方式来展示你的产品。确定你有足够的展位空间——不用太大。多数展会都有最小展位空间的限制。配饰品牌通常比服装品牌需要的展位空间小，这是因为它们的产品占用的空间更小，尤其是珠宝类产品。这需要向主办方咨询。

大商店的买家通常是组团而来，他们对自己的需求非常清楚，并只参加特定的展会。例如，位于佛罗伦萨Pitti Uomo展会上的男装展，在那里他们能够看到许多和他们的定位十分吻合的品牌

你必须让你的产品展示得更具专业性——如确保你的衣架是一致的，且每件服装上都有吊牌。尽量营造一个吸引人的展示空间，以便为买手们留出空间加以交流，这样可以让他们在你的展位前打开思路并畅所欲言，甚至可以勾勒出在选用你的产品后，他们的店面应该是极简主义风尚还是略带法式闺房浪漫主义的格调。

发放图片手册并在上面附上你参展的具体位置信息等。一些时候，许多买手来展会并不一定是为了寻觅新的时尚品牌，而是去老客户那里。他们通过图册可以了解一下你的信息，这就增加了品牌和产品被认知的可能性，并有可能进一步深入了解你的设计系列。

桌子和椅子的摆放可以最大化利用你的空间。除了吸引人的展台之外，展位还需要一定的功能性。试衣间对于那些想要试穿，看服装是否合适的买家来说很有必要。如果可以的话，留出一部分预算给模特（模特要适合你的产品尺寸）。

买家类型

买家包括那些知道自身需求的人（百货商店和知名的精品店）以及刚刚起步的人，这些占据了绝大多数。有些人习惯于购买产品，但不需要你的指引。一些买家可能与你看法一致并喜欢你的产品，而其他人可能根本就不感兴趣。你也会发现，一些消磨时间的人会长时间地浏览产品，但从来不下订单。在下订单之前，不要让任何人对你的产品拍照，除非他们是知名的商店或有证记者（几届之后你就能够分清他们了）。一般来说，买家在确定下订单前，都希望连续几届对你的产品进行考察。在决定购买你的商品之前，他们希望看到公司的持续发展。

无论是否购买了你的产品，买家通常都会给你反馈意见。尽管话可能刺耳一些，但是他们的建议确实非常重要。这样，你会很快地了解到不同的买家的喜好，而且他们各自希望改变的地方可能会有所冲突。把这些都记下来，但是注意，不要否定一切，从头开始。买家通常会提出什么符合他们特定客户的需求，而这可能是因为你还没有遇到合适的买家。真实地面对自己和自己的创造力，是建立品牌特点的一个重要的部分。

从买家那里获得名片，并在后面记录你们见面的时间和地点，以及他们都提出了哪些反馈意见。

海外参展

一般情况下不建议参加海外展销会，除非你的收入能够负担这些费用。有一些新品牌在国内市场表现得不是很好，但在国外却销售得很不错。参加国外展销会可以增加你的可信度——告诉买家你参加过伦敦、巴黎、米兰和纽约的展销会，就表明你肯定取得了一定的成绩。

向其他设计师或者负责出口和贸易的政府部门了解一下相关信息并汲取一定的经验，你也许有资格申请。

销售的艺术

第一步：设定目标

你必须明确销售目标，这个目标在一段时间后能够进行衡量。最初设定目标时，考虑一下你的“平衡点”以及什么收入能够维持发展。把它分配到每个季节的销售目标中。随后你就可以根据设定目标增加最后一季的成交量。

第二步：寻找可能的客户

就是寻找新的销售点的过程。不断地对新的精品店和商店进行研究，最大限度地了解潜在客户数量。安排时间找新的客户进行沟通，并建立本地买家数据库。

第三步：分类

分类是一门艺术，是将那些前景可观的预期客户们挑选出来。在你的20个新客户中，谁才是真正准备以你提供的价格购买产品的客户？分类能够让你节省很多时间，同时和那些真正的潜在客户建立关系，而不是把时间浪费在没有意愿或没有能力购买的客户身上。

第四步：销售过程

这个过程就是在你和买家之间建立信任和融洽关系的过程。人们都愿意和自己喜欢的人交易，尤其是小型公司。可以利用他们对你的几个主要产品感兴趣的条件和他们搞好关系。在谈到你的产品时，记住向客户介绍他能够获得什么优势，以及把问题集中在你的产品能够作为他们商业利益的补充，而不是讨论产品的款式或底线。

第五步：随访

客户下订单后对销售进行随访，对建立长期合作关系很关键。一张写着很高兴与他合作的便条、定期的电话回访让他们了解货物已经发出以及你在剪报和媒体上登出的消息等，都能够让买家感觉他们选择你的品牌是正确的。一旦货物发出之后，跟踪事情的进展以及销售情况是不错的方法。

===================================

= =

任务：

1. 到*modern*online.com网站，了解位于全球不同地区举办的时装展销会的情况。看看哪些展会适合你的产品，并通过互联网对此展会进行调查。

2. 列出10个类似的、比较成功的品牌。在他们的网站上了解一下他们的零售（诸如货品单等）情况，以调查精品店和*百货商店为主*。

= =

展厅和代理商

如果你认为自己不适合做销售的话，你可以把它交给展厅或代理商。展厅会把你的产品和其他设计师的产品一同展出，而代理商则可能代理一种或多种系列产品。代理商可能有展示的空间，甚至在展销会上有自己的展位。他们通常有一定的客户群，因此你也能够利用他们已经建立起来的关系进行发展。

展厅代理商并不从你那购买产品，而是仅仅代表你和新老客户进行接触。他们会收取一定的佣金，通常为销售额的10%。付款方式由你选择，最常见的方式是货物发给商店并收到货款之后，你再付款给他们。

你负责发货，而展厅/代理商会把订单、合同、发货地址给你。

在为你的产品代理前，他们必须确定你的产品能够销售足够多的数量而值得开展代理业务。通常他们会看看你前几个季节的销售客户反馈和销售情况，据此来判断你的业务水平。

你可以和展厅/代理商签订不同的协议。既可以是简单的合作协议，也可以是较正式的共同投资项目。由于双方都需要确定合作关系是否可以进一步发展，因此你最好把共同投资的方式放到最后考虑。建议你和新的展厅代理商签订暂定协议书或备忘录，并向你的法律顾问征求意见。

经销商

在国外销售时，语言是很大的障碍，这时你可以采用与经销商合作的方式。经销商就是在协议区域内的、你的唯一客户，从你那订购大批订单，替你负责商店经营、管理等活动，包括发货和付款。经销商从你那儿购买产品然后进行销售，通常会在你提供的价格基础上进行提价（通常要经过协商与谈判，一般为2%～12%，但总的来说与你的销售额有关），以弥补进入市场的股权分配和债务回收等额外的成本。经销商负责所有的售后服务以及在协议区域拓展市场的开销。

代理商或经销商的协议书/备忘录

应读包括以下几点：

\# *涉及的产品描述。*
\# *地域。*
\# *时间表。*
\# *终止条款——在刚开始合作阶段，你们在关系良好的情况下就需要确定这些条款。*
\# *复议条款——设定复议的日期以及复议的内容。*
\# *业绩目标——包括销售数量、客户数量、广告活动等。*

代理商和经销商

代理商的优点：

\# *代理商可能有很多市场经验以及现成的客户群。*
\# *代理商通常根据协议的比例收费（大约为销售额的10%），因此费用事先就确定下来，而且包含在价格中。*
\# *一般是在客户付款给你之后，你再付款给代理商。*
\# *你仍然对你的品牌拥有控制权，同时你也负责市场营销和推广。*

代理商的缺点：

\# *由你负责所有货物的发货，如果你在许多国家进行销售的活，会遇到非常复杂的销售流程。*
\# *代理商一般不愿意承担销售推广活动，因此他们不承担你的产品的市场推广任务。有些代理商会单独提供宣传和市场服务，但会每月收取费用。*
\# *信任的风险仍然在你这边，但是，通常你是在客户付款之后再支付代理费用，所以代理商经常会很好地遵守付款协定。*

英国的时尚品牌保罗·史密斯（Paul Smith）与来自日本的一个授权合作伙伴——伊藤忠商事株式会社（Itochu）建立了良好的长期合作关系，在国际上进行品牌的拓展。他们在日本开设经营有250家保罗·史密斯品牌的门店，占该品牌总营业收入的45%左右

经销商的优点：

你只需要面对一个客户（经销商）。
经销商负责所有的销售信任风险。
经销商掌握你的货物（在他们负责的销售区域）。
经销商负责付款以及承担你的产品的市场营销和推广。
经销商为你的产品发展客户群。

经销商的缺点：

他们控制整个产品的销售过程；而你没有。
通过经销商的销售成本可能让产品没有市场竞争力，经销商可能会在产品到达零售商前增加50%的费用（甚至更多）。
你不知道你的客户是谁。
由于经销商负责产品的市场推广活动，因此你不可能保留全部品牌控制权。
经销商就是批发商（不专门主管经销），可能比其他批发商的效率更低。
在更大的市场中，经销商也许没有足够的销售力。经销商的时间和注意力可能分布在多个品牌上。

= =

授权许可

授权许可就是你作为品牌的拥有者（授权方），给另一方（被授权方）以你的品牌为名义进行设计、生产和销售产品的权利，并收取一定的品牌使用费。通过这种方式，你能够将你的品牌更好地延伸，如向你没有生产或销售经验的其他产品系列过渡，同时也能利用你的老客户群或忠实的客户群为品牌带来更多的附加值。很多设计师品牌都把它们的名字授权给多种产品，如香水即是时尚类产品的佼佼者。唐娜·凯伦（Donna Karan）、拉夫·劳伦（Ralph Lauren）、香奈儿（Chanel）、亚历山大·麦昆（Alexander Mcqueen）以及保罗·史密斯（Paul Smith）等品牌，都有许多授权许可用于其他产品的生产和销售。

在进行授权许可之前，你必须考虑你需要投入多少以及你获得的控制权有多少。这些都由协议确定。需要注意的是，授权许可毫无疑问会对品牌的质量、设计以及市场战略等方面的整体控制有潜在影响。

你必须把协议让你的法律顾问过目，以确定交易对你有利，同时能够尽力地保护你的品牌。

专有权

商店可能要求对你的产品系列有一定的专有权，既可以是完全专有权（你只能在他们的商店进行销售），又可以是区域专有权（你不能在他们商店周围的一定区域内进行销售）。这取决于商店对你而言的重要程度。如果他们有超过100家店铺，同时你也希望和他们扩大业务往来，那么你就可以考虑一下完全专有权。作为设计师品牌，你希望维持品牌的特有性，如果在一个小城镇的很多商店中销售你的产品，可能会让你的品牌随处可见，从而降低品牌的价值。另外，你希望业务发展能够维持健康的客户基础和营业额，因此一定要在任何专有权授权前考虑好后果。

文书工作

你必须为销售季节准备好所有的文书工作。

订单表格

当买家想要下订单的时候，你必须提供一个包含处理订单所有相关信息的表格。订单表格必须包括：

你的品牌信息，包括谁接的订单。
客户信息，包括税号和账单地址。
日期。
订单号。
每个系列的描述。
每个系列的数量、颜色、尺寸、价格。
发货地址。
发货日期。

发货日期就是货物离开你处的日期，而不是货物到达客户处的日期。当然，你能够确定货物将被打包并准备从工作室运走的日期，但你不可能知道货物的运输时间是多长（你也不希望对任何不可预见的货运延期负责任）。除非你和买家签订了到岸价格（每个产品的成本都包括了到达客户方的运输费用），否则，所有的运费和手续都由客户负责（参考本书第132页相关货运术语列表）。通常情况下，设计师都会为货物运抵提前留出时间。这就能够让你优先处理需要最先交付给客户的产品系列或者是优先处理主要客户的订单。

季节性产品的典型交货日期（北半球）

男装 秋/冬	*8月*
女装 秋/冬	*8～9月*
男装 春/夏	*1月*
女装 春/夏	*1月末～2月*

你应该让客户知道对应本季产品订单的截止时间——这样，他们就可以在签订单前进行改变或考虑好订单数量。

双方都应该有签订单的复印件，或者打印两份，你和买家双方各执一份。

条款和条件

在订单表格的后边，附上协商条款和有关条件很重要。这能够让客户在签订表单时清楚地了解订单的内容。让你的法律顾问核实一下相关的条款和条件，以确定是否完全符合你的要求。

新客户表单

让你的新客户填一张新客户表单是一种良好的做法，尤其是能吸引那些对信任度要求较高的客户。

确认协议

这是在开始生产前，你和客户之间最后的协议。如果你们达成协议的话，这时你就可以向客户要求支付保证金。如果没有签订确认协议的话，就不要进行生产。

一旦完成订单的签订，你就必须计算出本季需要生产的数量。同时看看是否有些系列和色彩的产品订单数量达不到生产的要求。如果有的话，你在给客户发确认协议前先打电话解释一下原因。你也希望所有都按照订单进行生产，但这是不可能的——尤其是在刚开始销售量不多的时候。

付款方式

你需要和每个客户建立付款方式。你有几种选择（根据买家所在的国家不同，付款条款会有所变化）。

定金：理想情况下，当确认协议签订以后，你会希望客户把订单的定金支付给你。正常情况下，定金一般为订单的25%～50%。定金的金额应该能够在客户毁约的情况下弥补生产的成本。一般都需要对新客户前几个季节的订单收取定金，而对大的百货商店收取定金几乎是不可能的。

预付：在发货前你可以要求客户把货款结清，这对你的现金流有很大的帮助。对于客户来说，延迟付款意味着他们收不到货物或者丧失最好的销售时期，因此，这也有助于让客户及时付款。

COD（货到付款）：这种方式与预付款相反。你把货物发给客户，他们收到货物后再付款。如果你对客户不了解的话，可以采用现金订单或直接银行交易的方式（向银行咨询一下什么付款方式费用较低。一般情况下在线银行的费用更低）。

净付方式：这种方式就是在客户付款前给客户一个信用时间。如标准的付款方式为净付30，就是给客户30天的时间（从发票日期算起）付款。你可以事先要求客户支付定金，然后剩下的按照净付30支付。不同的国家可能有不同的标准——意大利通常为净付60或者净付90，也就是你得等上2～3个月才能拿到货款。对于大多数新品牌而言，由于现金流对公司的存活至关重要，因此这种方式非常苛刻。大的百货商店通常会要求如果在协商的时间内支付的话可以给予3%～5%的折扣。这种情况下，你必须考虑清楚你是否能够承担这种损失以及品牌的发展和营业额相比，哪个更为重要的问题。

寄售/退换货：对于一些设计者和精品店来说，这两个付款方式是很容易被混淆的。当双方同意赋予买手在未销售的情况下将商品返回给买方的权利时，“退货”就成了实际销售，货物的所有权便转移给了库存商。寄售方式的货物在任何时候都保留有供应者的属性，并且在买手将货物出售给第三方的行为中享有选择货物的命名权。尽管这两个选择对零售商都很有吸引力，但是对于许多新成立品牌的现金流而言是很大的挑战，应当考虑清楚。

信用凭证：商店会通过一家本地银行取得信用凭证，清楚地描述即将购买的货物、价格、相关文件以及交易完成时限。收到信用凭证后，你就可以发货了。由于建立信用凭证的费用很高，所以大多数商店都不愿意使用这种方式支付。

信用卡：如果你有这种便利条件的话，对于小的商店来说，这种方式比较吸引人。你必须考虑到信用卡公司会对所有的付款收费，一般为1%～5%。

小的品牌通常为其客户（许多是小零售商）提供了多种付款方式。你和一个客户的交易越多，他们越信任你，同时你可以提供给他们更好的付款条件。

下面是一个典型的订单表格，包含了你必须填写的信息。同样，重要文件中还包括发票（参考本书第150页的内容）。

公司 LOGO

订单表 公司联系方式	合同名称：	
	公司名称：	
	日期：	
	地址：	
	电话：	
	传真：	
订单号：	移动电话：	
	E-mail：	
销售人员：	付款方式：	
	运输方式：	
增值税号：	发货地址：	
	发货日期：	

系列号	描述	颜色/图案	XS 8	S 10	M 12	L 14	数量	单价（£）	总价（£）

备注：	净额	
	增值税	
	总价	

上述所列出的服装将在客户确认无误的情况下生产，请购买者签字确认	签字：
	日期：

为了让客户付款，你必须开发票给客户。

发票上你的信息：
品牌及单位名称
交易名称
商标
地址和联系方式
税号（包括增值税）
发票号

发票上客户的信息：
公司名称
交易名称
地址和联系方式
税号（包括增值税）
商品索引
商品细节
价格/商品
总价
每种商品的适用税率
每种商品的总价
总价，总税额
支付金额

还应该附上你的付款方法的详细信息，包括银行账号、“支票支付”、付款方式、付款情况。和你的会计确认一下是否包含法律要求的所有信息。

公司 LOGO

发票

公司名称

公司地址

发票号：
日期：

客户
客户名称
客户地址

系列号	名称	主要面料	XS	S	M	L	数量	单价（£）	总额（£）

小计	
增值税	
运费	
总计	

付款方式

付款银行详细信息

公司编号：	增值税号：

世界知名的零售商之一Harrods就是一个典型的百货商店的例子

零售

自己零售产品的最大优点就是，你能够获得更大的利润。根据你选择零售方式的不同，可能还有其他的一些优点。

自己的商店

建立自己的店铺是每个设计师的愿望，并且有助于推进批发业务。它能够让买家在固定地点对你的所有产品进行全面了解，并让他们相信你有销路很好的产品。但它的风险和成本很高，因此很多品牌在开始的时候都不会选择这种方式。

大多数的服装零售商都是从独立的、小的精品店开始的，可以分为百货商店、专卖店、精品店、连锁店和折扣店几个类型。

你所希望的零售商类型取决于你的零售标准，与你的产品、理想客户和商店规模有关。你可以选择：

1. ***大量订单、多种系列、低标价***（*繁华商业街大众零售商*）。
2. ***少量订单、多种系列、高标价***（*百货商店*）。
3. ***少量订单、少量系列、高标价***（*精品店*）。

请考虑一下零售商所处的位置（参考本书第88、第89页）。

弹出式窗口零售营销

在过去的十年里，无论是小微品牌还是创建已久的品牌，都会选择通过临时实体零售场所（也称为弹出式商店）与那些有新想法及新要求的客户们建立关系，这种营销趋势日渐明显。弹出式窗口商店为在线品牌提供了一个首次尝试实体零售的机会。这种方式也让大品牌围绕着“即看即买，没有时间多体验”而开设的混合式短期营销带来了可能。这对于一些小品牌而言也非常有帮助，不仅提供了测试地点的机会，而且在零售日程表上最大限度地实现面对消费者的零售直销，不需要长期财政承诺。

考虑弹出式空间营销时需要思考的一些事项

来自Appear Here公司的经验（appear.co.uk）

卢梭·贝利（Ross Bailey）于2013年推出了一个线上市场，将全球的品牌、设计师以及企业家以短期租赁的零售空间连接起来。全球品牌以及奢侈品品牌设计师，从Kaney West到Chanel，包括match.com运营商以及一些独立设计师等，都使用Appera Here来预定伦敦、巴黎以及纽约的一些专属空间。Appera Here的使命是为有想法的人打造一个适合他营销空间的世界。

目的是什么？

一开始就要确立比较清楚的目标，这样才能使自己的发展空间与发展目标相匹配。下面给自己提问：

 # 你的顾客到这个地方方便吗？
 # 销售或展示，哪一个更为重要？
 # 你所选择的区域是如何来传递品牌的特色的？
 # 你希望什么样的人来光顾此店？

越清楚自己想要什么，就越有可能找到最适合的。

确认你的受众，并展开你的研究

商店不仅是有四面墙的建筑，这是一个为你的品牌创造故事，并与你的观众建立良好且有意义的联系的场所。问问自己你的客户是谁，就可以找到一个既适合你的品牌又适合你设计理念的空间。可以参考本书第89页的清单，这也是了解当地商业特色以及发现潜在合作伙伴的好时机。

更多的设想

现在网上购物已经很方便了，所以想想为什么会有人来你的商店。给你的顾客一种不可错过的商业体验是非常重要的。有时候，对一个零售空间的创新性改造——例如，建筑屋顶的特殊化处理，地铁站公共空间、仓库甚至是洗手间等都可以运用新的店面形象加以呈现，作为视觉公关而言，这也是难能可贵的机会。

合作伙伴

一种既可以增加曝光率又可以在你的商店周围建立良好宣传效应的方法就是与当地的一些时尚商业进行合作，诸如艺术家、烘焙店、特色餐厅等。这会使你的品牌在那些已经建立起来的受众面前脱颖而出，同时还能降低成本，有时一些惊喜以及奇妙的效果也会伴随着这样的合作而来（参见下面提及的Basic Store店面案例）。

考虑预算

当你在寻觅适合你的零售空间时，需要好好核算一下额外成本等，以便对能够负担起的那些东西有一个较准确的概念。如果有必要的话，这些包括营销材料、装饰、公用设施以及保险等诸多方面。如果你的空间比预期的要贵，那么可以在网上搜罗到一些不错的博客文章以及资源等来帮助你控制好成本——例如可以提前预订批量货品以及采用可循环利用的方式等。

弹出式窗口商店已成为年轻的潮牌亦或是打造年日已久的时尚品牌们的首选

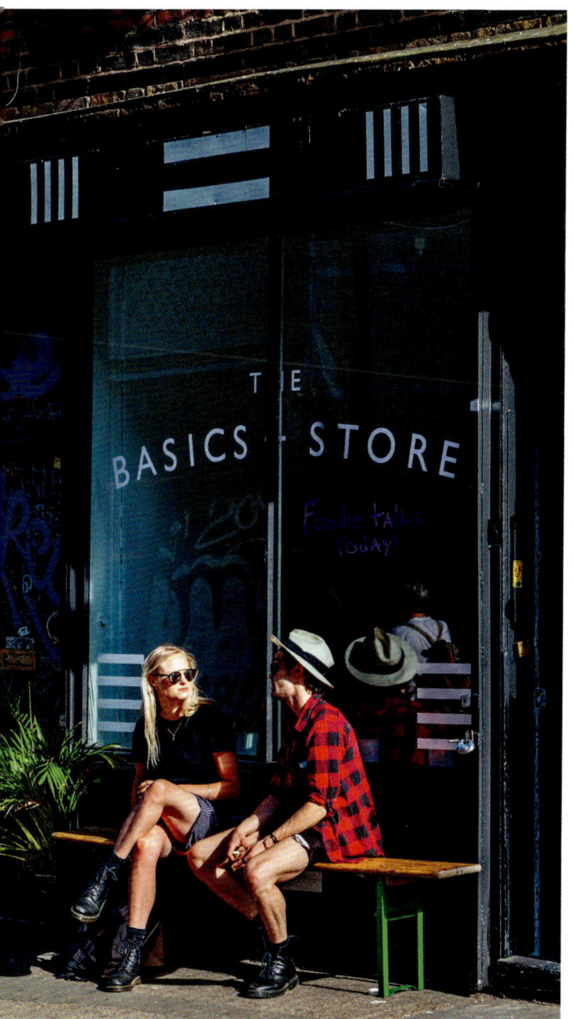

Basics Store零售空间案例

Thebasicsstore.com，@thebasicsstore

这家店是由玛丽娜·格尔戈瓦（Marina Guergova）与她的时装系列玛丽娜伦敦并行开创的一家商店，也是一家由其精心策划打造的年度弹出式营销模式的店。玛丽娜希望采用充足的自然光线来营造整体的气氛，并给店里的一些品类如鞋子、包袋、丝织类基础品以及珠宝等注入不同凡响的商业气息。她最终选择在伦敦肖尔蒂奇的雷德彻街上开设一家全通透玻璃面门的店，也是因为其关注了之前在同一地址由甘尼打造的店面非常成功而做出的选择。构成这一带步行交通的情况非常多元化，这也意味着不同类型又具有很大潜力的购物者在此穿梭浏览，而全通透玻璃门面为吸引来往的人流给予最佳机会。店门外的人行道也给玛丽娜带来商机——与潘塔隆花卉合作而在此售卖花束。如今，Basics Store这家店已经拥有了其设计追随者和时尚爱好者。

电子商务

在过去的10～15年中，我们看到了购物方式的巨大变革。在时尚圈，直接通过互联网销售产品曾经一度被认为是不可能的。这是因为消费者希望触摸到面料，而且在购买之前需要试穿。这些都是人们认为不可能在线销售时尚产品，尤其是服装产品的原因。然而在线服装零售商如ASOS和net-a-porter等获得的成功表明那些质疑者是错误的，同时表明无论你的目标市场有什么样的细分，都是有网购需求的。而且这种网购方式在逐年增加，消费者比以往任何时候都更乐意直接从多品牌或自有品牌网站上进行购买。

一个功能完善的电子商务平台为初创企业以及起步者提供了一个相对低廉的价格和向消费者直接零售的绝佳机会。对于许多初创者来说，实体店的成本太高，且由于其固定的地理位置限制，他们的发展可能局限于小众品牌。大量消费者想要购买你的产品，但是他们可能来自世界上的各个角落而不能光顾你的店。因此在线销售为年轻的品牌提供了一个与全球客户建立联系的机会，并培养了忠实的追随者，无论消费者住在哪里。

越来越多的时尚初创企业从一开始就将电子商务视为其主要的销售途径。网络上的社交媒体提供了便利的营销，这些都可以被品牌用来与全球的购物者打交道。

电子商务和数字营销机构Vie Digital的老板詹姆斯·范德泽（James Vanderzee）解释说小型时尚企业在网上有很多明显的机会。“大多数时尚企业的客户已经在线，这种方式成本更低，因此利润也大，并且是7天24小时不间断服务。这让你即使是睡着都能够赚钱”。

在线时尚品牌的必要条件

詹姆斯·范德泽（James Vanderzee）——*Vie Digital（www. viedigital com/ fashion）的首席执行官*

上网在线测试

- ***网址：****购买一个相对容易记住的域名。*
- ***托管：****为网站分配空间。*
- ***保留页：****当你的网站在建设过程中，建立一个保留页以标注联系方式的详细信息。*
- ***产品展示：****为你的网站增加导航手册或者艺术元素。*
- ***共享工具：****增加一些媒体插件，如 AddThis.com。*
- ***网站统计：****增加网站统计能让你监控自己拥有多少访问者以及他们来自何地。*
- ***内容维护：****确定你的网站能够让你通过简单易用的内容管理系统（CMS）来管理网站内容（文字、图像等）。*

必要条件

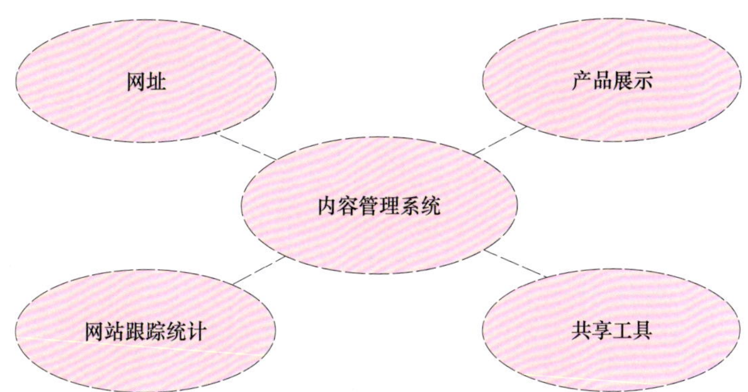

在线销售

休息与赚钱同时进行。任何一个优秀的在线销售应当包括：

 # 产品手册。
 # 购物车。
 # 顾客账号（登入、注销）款过程。
 # 付款流程。
 # 发货和执行。
 # 退货管理。
 # 实时库存控制。
 # 优秀的客户服务。

客户的历程

下面的图标表示了客户访问网站和购物（粉色表示）的过程，以及每个阶段与你的电子商务过程相关联的环节（蓝色表示）。

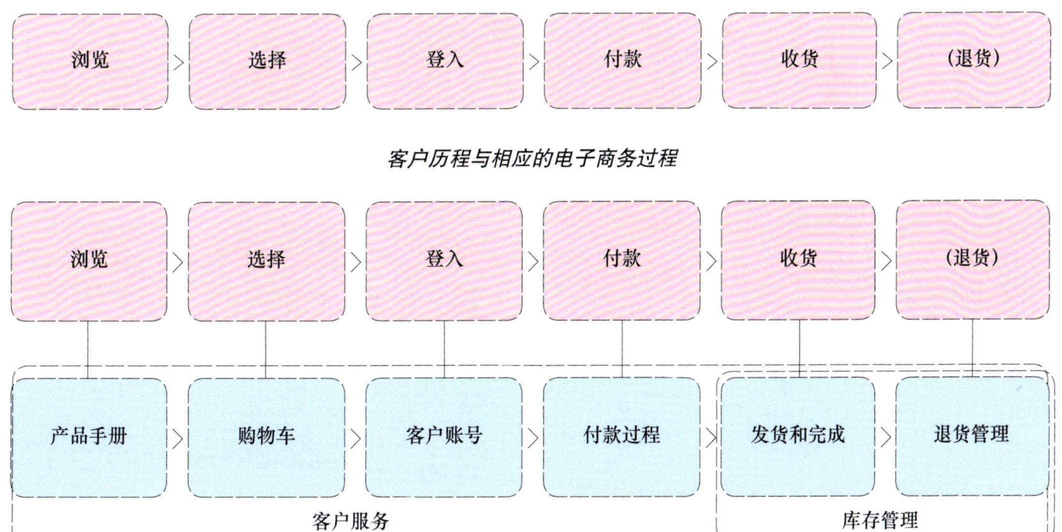

Alice & Olivia时尚品牌的电子商务平台就是一个兼具功能性与品牌演绎的良好案例

提示：

电子商务是多平台：你的客户希望通过他们的手机或者计算机进行购物，因此你的网站应当能够支持这些服务。
你必须为海外销售进行规划：在线销售是一个全球机会，所以你必须具备本地以及其他地区的发货处理业务。
考虑退货预算（以及条款和条件）：由于区域尺寸的差异，退货可能会占到半数的销售量。
衡量付款选择：你可能会遇到不同的付放方式，如每月固定费用支付或者按照商品价值的百分比进行付费。如果你刚刚开始你的业务，那么可以向银行申请一个电子账户或者寻求Paypal或Google Checkout的帮助。
确保你有完整的电子商务过程：检查所有的系统并且确保每个涉及交易的人都能清楚了解查收订单、准备发货以及退货时该如何执行。

网站宣传

建立了网站，人们就会来吗？了解你的客户（竞争对手）的分布：

网站目录和第三方网站。找到任何你的客户（竞争对手）可能使用的网站，确保你在那也有产品展示。
使用付费搜索广告：

≫ Google AdWords（购买与你的品牌和产品相关的关键词，确保你的网站出现在这些词语搜索的第一页上）。

≫ Facebook/Instagram广告（向这些网络上拥有类似品牌的人宣传你的品牌和产品）。

再次拟定目标（保持对你网站访问者的追踪，并在他们访问其他网站时显示你的广告）。

- # *搜索引擎优化（SEO）：在你的网站上以及其他关于你的品牌和产品的网站上建立大量优化关键词内容，尽可能地在你的网站上建立相关的链接，有助于提高你的网站在搜索引擎上的性能和网站访问量。*
- # *社交媒体、博客以及在线PR都是SEO的主要组成部分。这些活动会产生链接，并且对提升品牌的认知度、产品的吸引力以及产生真正的访问流量帮助很大。*

在线维护

如何保持现有商业份额?

- # *增加更多的产品、新闻和博客内容。*
- # *邀请参与。*
- # *通过 Instagram以及Facebook商业页面吸引消费者。*
- # *通过Twitter与品牌追随者交流。*
- # *客户的电子信息保存到数据库中。*
- # *促进在线和离线活动。*

市场

选择合适的市场对发展你的业务很关键。售价越高，你越要小心。首先必须确定你支持的设计师品牌在你所选择的销售市场有一定的知名度。

移动商务

随着用户体验的进步以及不断被消除的购买中的障碍，全球越来越多的消费者选择在移动设备上购物。受千禧一代以及Z一代的推动，在移动设备上花费的时间比在计算机上更多，很多新的时尚企业希望开发他们的移动商务产品，确保在技术上能够依托相应的网站给予较好的观赏支持，而且无论是什么样的观赏设备都可给予支持。

社交销售

社交销售是指品牌利用社交媒体与客户进行直接互动——回答问题、推广新产品以及提供相关内容等以传达其价值观。这有助于他们在做购买决策的决定时，始终站在消费者的最前沿进行考虑。对于世界各地的许多时尚企业而言，这可能是起步阶段最为重要的策略。随着较为前卫的“商店”功能被无缝引入到如Instagram等社交媒体平台上，允许购物者直接在自己的电子商务平台上购买产品，这样的路径将很快成为服务于每一个客户的销售路径，使得购买的体验更加方便快捷。

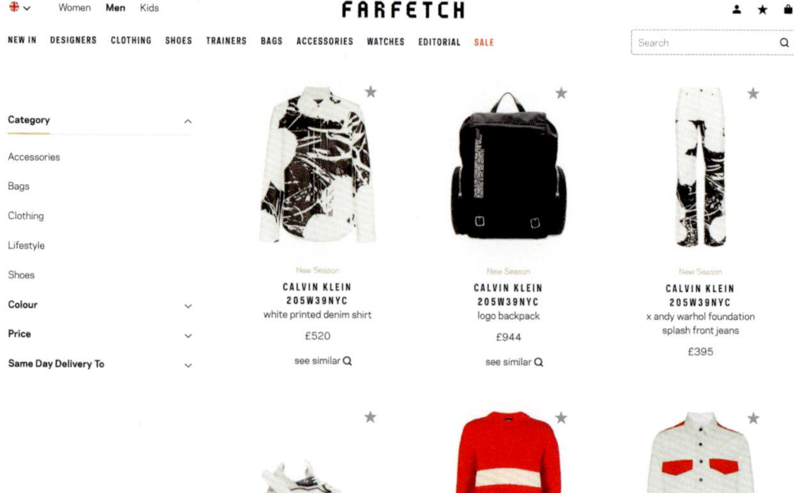

珐菲琦（Farfetch）是一个快速增长的时尚购物在线市场

在线市场

在线市场可以是基于网站或应用程序的商店，允许消费者从不同的渠道进行购物。这个市场不购买、拥有或管理任何库存。当购物者下单后，它只是传递给设计师/供应商来完成任务（这也被称为“drop shopping”）。根据业务的不同，市场会收取通常10%～30%的佣金。这样做的好处包括获得新的客户群，与其他的销售渠道相比降低了营销成本，特别是降低了拓展海外市场的营销成本，同时还增加了消费者对品牌的信任，这些都是基于与一家老牌电子零售商合作的结果。亚马逊（Amazon）和珐菲琦（Farfetch）是两个著名的在线市场，在此珐菲琦在线市场针对的不是独立的品牌而是独立的零售商市场。

私人客户

许多品牌刚开始只做几件产品，或者只提供少量的系列产品，因此能够为客户提供量体裁衣等贴身的服务。这种方式允许你事先收取钱款，第一笔定金应当能够支付设计的成本，因而也就能够满足你最初的支出。私人客户可能会亲自过来，或者是你上门服务。这种服务适合于有钱但空闲时间少的消费者。

消费者展销会

这种活动通常持续的时间较短，你也需要为展销会上的位置付款。瑜伽服装品牌 KokoFlow的艾莱·沃德（Ally Ward）说：“在展销会前，我会拜访周围所有参加过去年展销会的人，所以我知道需求是什么，最有用的建议就是不要过度透支。我通常都会节省开销，并尽力设置一个简单的、明亮的、引人注目的展位。我这么做的目的，就是希望获得最大的回报。我发现，和客户、买家甚至其他卖家进行交流很有意义，我也因此获得了大量的信息、合同，同时在业务上也得到了迅速发展。在第一次展销会上，我并没有局限于让所有一切都必须是最好，但同样也得到了一些销售回报。”

电视

家庭购物电视网，如OVC和家庭购物频道为时装品牌提供了大量的客户群，如果产品适合的话，就能取得很好的成绩。

家庭聚会

自从最早的Tupperware派对开始，家庭购物派对有了长足的发展，并且可以证明直接向客户销售你的产品是一个可行的选择。有不少时尚零售商通过家庭购物的方式进行销售。

流动展示

这种方式包括在你认为产品会被接纳的主要城市预订一个场所，如酒店的某一个房间，去拜访那些希望在午休时间给员工提供独特服务的企业，或者在乡村俱乐部为会员提供与设计师见面并直接购买产品的机会。一些百货公司还会为新晋品牌提供在某门店举办的非公开新时装展示会的机会。

样品销售

参加全年的样品销售（如果你有存货的话）是一个给你的生意带来收入的不错方式。你需要在销售时小心出售现有的存货（除非有问题），因为这会降低你的品牌价值，削弱你的库存。Outnet电子商务网站给设计师提供了在网上销售多余库存的机会。

案例分析：Picture Organic Clothing

追随儿时的梦想，并将对板类运动的共同热情和创造属于他们自己的东西的渴望结合起来，朱利安·杜兰特（Julien Durant）、杰里米·若切特（Jermery Rochette）以及文森特·安德烈（Vincent Andre）于2008年成立了Picture Organic Clothing时尚品牌，其设计概念清晰地表现在“开发新一代产品有助于应对气候变化”。

三位联合创始人都来自非时尚背景，朱利安毕业于商学院，在巴黎做可口可乐等消费品的营销，但似乎并不满意自己的选择，期待和他的朋友们有所作为；杰里米追随父亲的脚步，为当地一家族企业做环保建筑师，但也并不是这位有着“生物生态迷”的梦想生活；文森特刚刚高中毕业，带着一种“完全不同”的人生观，决定和其他人一起进行他们所说的“疯狂冒险”，而不是选择上大学。

从一开始，三个人就有这样较明确的理念——“骑行、保护与分享”，这个理念也表明了三位来自不同背景的年轻人给该时尚品牌注入的精髓思想，同时也形成了该品牌的重要价值理念：“新设计、新哲学态度以及新的思维方式。”“新设计”指的是品牌对于产品类别的全新视角规划，这个受有建筑背景的杰里米影响；“新的哲学态度”代表着所有产品具备的环保理念，产品使用环保面料，至少含有50%的可再生聚酯或者50%的有机棉，由全球认可的组织进行认证；“新思维方式”指的是这次服装设计的重点是专为板类运动和户外运动打造的产品设计，而不仅仅是滑雪板一类的设计。

两位联合创始人在他们的家乡克莱门费朗附近的车库创办了他们的第一间办公室，并在该项目上投资了三万欧元；但“一年后，我们花光了一切”。文森特的父亲和他的合伙人又在公司投入了三万欧元并成为贷款担保人，从那时起为开发提供资金。

他们的第一个系列开发了三种不同格调的外套、裤装以及十款街头服装服饰，每类都搭配有

三种颜色。这里还有发展多年以来组合的外套、潜水服以及服饰配件等，零售价位从30欧元到500欧元。由于品牌的核心理念和环保有关，他们努力确保整个产品的供应链符合要求标准。因为土耳其在有机棉的针织制造方面有较好的声誉，所以十年来的合作也令他们以供应商良好的声誉为荣。然而，基于环保可持续发展的理念进行的采购一直以来是一个挑战：“我们不放弃，每天都在努力寻找新的解决方案。例如，我们发布的第一个可生物降解的聚酰胺产品，是一个秉持可持续理念减少废物污染的产品。我们的研发部门正在努力研究它，看看我们能否将这种环保效应应用到其他产品上。”

从一开始，Picture Organic Clothing品牌就考虑如何进行全球的分销，并为自己设定了“下一代巴塔哥尼亚年轻一代（15～45岁）”的挑战。他们的最初目标是让产品致力于在板类运动以及户外运动的零售商店里进行售卖。他们的业务从欧洲开始，2009年，他们第一次在慕尼黑国际体育用品展览会（ISPO）上亮相，这也是世界领先的体育用品贸易博览会。尽管他们的摊位可能是整

起初作为有不多的品类起家的Picture Organic Clothing品牌，如今涉猎的品种有户外服装、时尚休闲类服装、潜水服装、运动类服装以及服饰配件等

Picture Organic最初是山地品牌的一个小系列，现在提供全系列产品，如外套、生活方式、潜水服、运动和配饰

个展览会中最小的，但也受到了关注。法国和瑞士的零售商是紧随其后的其他国家的零售商。他们将来自街头炫酷的美与可持续生态环保的道德理念实践相结合。三年内，10个国家的400多家零售商有售他们的产品，“如今在全球我们有一千多家零售店。”

2016年，他们决定在法国的里昂和安妮西开设两家直营特许经营店。在店里，可以充分打造好零售环境中的形象。最近，他们建立了一个B2C企业面对消费者渠道，这是一个出售B2B库存的渠道，而不做太大量的销售。

公司的公关和市场营销等85%都是在公司内部完成，并持续采用这种模式。“我们不太喜欢转包。我们专注于社交媒体（Facebook，Instagram和Linkdln）这种较年轻的团体以及专业杂志中的有关内容”。“我们的运动员战略一直是我们成功的关键，因为这些良好的形象如同是我们的品牌大使，引领整个品牌的理念，并将它们传递给更多的追随者”。社交媒体仍然是他们投资较多的地方。他们和法国的育碧游戏公司进行合作。育碧是发明第一款开放式世界的游戏机动作游戏的创造者，也是名为“陡峭”游戏的开发商。在这一游戏中，玩家可以在世界上史诗般的山脉上进行各色运动的挑战，包括滑雪、展翼飞行、雪中滑板以及降落伞等挑战体验。这种和游戏商的合作关系，使他们的产品引起了更多的关注。

朱利安认为其至少有40%的成功来自网络，“在那里可以碰到很多通过和他们交流而获得启发的人，我们的创作也因此受益匪浅”。当问及是什么激励他们成为一个团队时，他解释道：“我热爱我们所做的事情，并为此而找到了我们的存在，我坚信不疑我们所做的这些努力。我们为能够和时尚产业以及具有生态友好态度的消费者一起挑战感到自豪，在打造有姿态有造型又有技术含量的服装产品之际，保持对环境的尊重。”

第十二章　表达信息

你的新品牌必须给买家、媒体和客户传递一个强烈的、可以辨认的有用信息。你想让你的产品看起来是年轻的、成熟的、前卫的、奢侈的、经济的、方便的、独特的、怪异的、漂亮的、性感的、时尚的、保守的、功能性的还是个性化的?

宣传就是将你的品牌信息传递给你的目标受众。它包含了一系列的活动:销售、广告、公众推广、特殊事件和网络推广。你的策略应当集中于让人们购买你的产品,所以你必须正确地选择所采纳的活动。如果你要进行零售的话,你必须有针对性地了解目标。如果是批发方式,你既需要针对最终客户,同时还需要考虑到零售商的因素。

了解一下购买行为

了解购买行为能够让你随机设计促销活动并影响购买过程。

针对消费者的购买行为

需求明确: *一般通过媒体宣传、广告、名人效应或口头推荐的方式确定。*

寻找信息: *从社交媒体、博客、网站、广告和报纸杂志来寻找信息,他们是否能够容易地找到你的品牌? 同行们的推荐非常重要。分享以及类似"按钮"的操作会使交流变得更快捷。*

检查可以选择的供应商和产品: *这也被称为"窗口购物"。你必须提升产品的特点,并且最大限度地提升数字图像、代言人影响力、包装和展示的效果。销售人员、你的社交媒体订阅、网站的信息交流是否量大且便于交流等都有着重要的影响。确保你的客户能够充分了解你的品牌。第三方推荐也很重要,同样物有所值。*

作出购买决定: *附加值、购买欲的强烈程度、购买的便利性、促销活动和客户服务在这里各司其职。*

产品使用: *价格过高,可能会产生认知上的不协调(参考本书第107页)。你需要通过良好的客户关怀、品牌意识的加强、优秀的社交媒体内容、广告和第三方推荐来建立良好的口碑,留住客户。*

针对商业推广的购买行为

找到需求或问题：*一般通过广告或者媒体宣传（贸易和客户）加强识别度。*

开发产品详细要案：*尤其注意新闻稿、各种展览、广告、编辑评论和有关邮件的直接反馈。*

寻找产品和供应商：*营销材料如社交媒体平台、产品图册、产品介绍以及网站等都是特别重要的内容。展览/展示空间也是一个非常宝贵的信息来源。在这点上，需要认真地考虑定价信息。*

评估供应商和产品：*这是一个向潜在客户提供第三方证明的好时机。包括你销售给其他商店的推荐、相关媒体、有影响力的公众人物、名人以及粉丝等。这也是客户期望看到产品并进行风格和质量评估的时机。*

下订单：*个人订单不仅加强了订购，同时也丰富了产品的规格。*

评估供应商和产品绩效：*财政上的耗费需要你小心谨慎，承诺越大就越需要一定的保证。持续通过社交媒体、广告与媒体发布以及电话和电子邮件的反馈，你可以不断地对购买进行调整。*

再订货：*第一份订单结束后并不表示整个过程的终止，它表示的是一种长期合作的开始。*

宣传材料

你的宣传材料一部分是针对媒体和买家的，还有一部分会直接面对客户。

图册

通过图册把你已有的产品或新一季度的设计介绍给媒体和买家。虽然大多数设计师会安排专门展示品牌产品风格的图片拍摄，但一些设计师在进行时装秀展示之际会将用于记录的图片置于产品图册中，以降低额外的摄影成本并以不同的形式进行展现。一般而言图册的形式是很丰富的，通常一个单页上需要放置1～2张图片，来展示其正面以及背面。许多设计师会制作一个产品图册的电子版本，以便于通过电子邮件发送给潜在的买家和媒体，还可以打印一些副本在贸易展览会、媒体日以及消费者活动日进行分发。

图册的图片必须清晰地表达你的关键产品，而且要包含联系电话、地址和网站地址等。如果图册的每件服装都包含了建议零售价格（RRP）以及详细产品描述，那么你可以把它作为供客户阅览的产品手册。

UK | £

L.K.Bennett
London

NEW ARRIVALS SHOES CLOTHING HANDBAGS ACCESSORIES SALE INSPIRATION COLLECTIONS

the edit

SPRING / SUMMER 2017 LOOKBOOK

Styled by fashion icon Caroline Issa, the Spring Summer 2017 Lookbook presents our key looks to inspire you for the season. From sleek tailoring and timeless workwear staples to confidently feminine printed dresses and special summer occasion pieces. The footwear adds bright splashes of colour in the form of red high-heeled pumps, printed summer wedges and slip-on trainers.

大多数的品牌都开发了数字产品图册，可以通过电子邮件发送给编辑、记者、造型师或有影响力的公众人物，也可以在他们的网站上帮助消费者进行购物

你也可以通过选择一些能够明确表达产品本质的图片进行打印装订，它们能够很好地反映你的设计系列精髓所在，而把其他的放到网站上，从而节省印刷费用。然而，那些忙得不亦乐乎的记者们可能只会在你的图册中进行有限的选择。

图册印刷相关提示

西蒙·阿西拉蒂（Simon Assirati）——Page Creative Print业务开发经理

***图片：**采用高清晰度图片能够生产出效果更好的图册。*

“时尚”印制者通常更关注服装而不是模特。印制者的工作就是尽可能清晰地表达服装本身。在不同的纸质或板材上进行印刷是一个技术活。

你也可以根据要印刷的材料类型（无涂层的、亚光的、丝光或铜版纸）对图片进行处理。

在开始印刷前，你应当从印制者那获得数码打样以进行最后验证。彩色数码打样不仅能够达到80%～90%的色彩平衡准确度，与此同时还能较好地完成拼写检查和图片安置的工作。

***材料：**大多数的图册都采用统一的铜版卡纸进行印刷，如300gsm或350gsm，这能够降低成本。让印制者为你提供一个免费的样品，或按图册的最后大小实现对纸张的选择。*

提高图册的质量还可以通过采用特定的“抛光”方式，如亚光、丝光、亮光处理；各种颜色的金属箔；或者采用凹陷或凸出方式，让特定的logo部分产生立体感。

尺寸和装订与个人选择和花费相关。印刷完成后，根据预算可以将之折叠，并装订成最经济实惠的小册子。如果可以的话，稍做装裱，有时看起来更像一本精美的杂志。

***数量：**为了避免以后几个季节会有存货，印刷一定数量就可以了。印制者通常需要一批的数量为500册或1000册，因此你可以参考一下不同数量的价格定位。*

摄影

摄影对于时尚产业里时装的表达非常重要，因为完美的表现有利于更好地传达时装所包含的艺术语言。你的摄影图片将会用于诸多方面：图册画册、活动图片（针对网站登录使用）、产品推广、社交媒体应用以及广告。

和摄影师建立好关系是非常重要的。通常你的发布日期很紧迫，所以你必须和那些能够为你提供建议、工作努力和要价合理的人合作。有些摄影师专攻街拍，而另一些更注重摄影棚里的拍摄，或者有一些是专门为网站产品展示做拍摄工作的行家。你会发现，摄影师通常会在选择模特、地点、发型师、化妆师等方面给你很多建议。

时装摄影等划

理查德·欧斯特劳德（Rikard Osterlund）——自由时尚摄影师（www. Rikard.co.uk）

开始之前，回答以下几个简单问题：图片的目的是什么？为谁提供？针对买家的图册需要展示你的设计细节、图案和外观，同时针对消费者的广告或评论应该包含的设计理念及相关素材，并增强效果。

***关键组成部分：**精心打造的服装、靓丽的模特以及才华横溢的摄影师。*

***筹划和准备：**所有的服装都准备妥当（熨烫完成），在摄影的前几天确认下你的团队成员是否准备周全并留意拍摄灵感、研究方案、小样和意向广告牌等是否完整。发型和化妆平均需要1～3小时。制作一个联系表（所有成员的详细联系信息，包括联系地址、时间和其他信息），并把它发给团队中的每个人。*

***团队：**包括摄影师、模特、场地、灯光、造型师、发型师、化妆师、道具等。在你完成最终想法前咨询一下你的团队——他们是专家。*

***摄影师：**找一位能够最好地展现产品的摄影师一起合作。可以通过摄影师的作品集来了解他——“AOP摄影师联合会”是不错的选择（the-aop.org），或者通过一些个人网站来了解。*

你选择的摄影师应该适合你的品牌风格和发布会展示的要求（出色的产品摄影师不一定是理想的时装摄影师）。请求见面，并看一下他们的作品集（每个有经验的摄影师都会有的）。在摄影时，摄影师通常担当创意总监，所以你要很好地协助他。

摄影师对于推广你的设计系列功不可没。你需要和摄影师通力合作，让他们了解你希望传递的时尚信息，他们会为你提供最能代表你设计风范的摄影图片

费用：对于商业摄影师来说没有固定的比率。根据照片的使用情况不同，摄影师的收费也不同。

照片将用在什么地方（网站、包装）。
使用多久（时间越长，收费越高）。
地域（美国、英国等）。

使用许可版权：照片的版权通常属于摄影师。

素材：当代时尚摄影更加关注摄影画面的整体效果，而不仅是服装本身。一系列的图片通过搭配灯光、造型和素材，描述了你的目标顾客的审美趋向，同时也展示出服装的特色。

模特：确认模特的体型符合你的服装系列定位。事先和代理机构联系一下，进行价格和可提供的模特确认——优秀的模特价格较贵，见一下面，看看他们穿上你的服装是否合身，之后再做决定。如果模特穿着你的服装非常合适的话，就可以立即决定。

为了避免不利因素的影响，你应该预备第二种选择。根据模特是否适合参加摄影进行分类（参见前面“素材”一项提及内容）。

模特的费用应该参考或接近于摄影师的收费标准。

确认模特签署了肖像许可，允许你为了特定目的使用照片。也就是说，合同里如果描述你雇佣模特为图册拍摄，而之后又用在活动当中，你必须通知代理机构并为此额外付费。

场地：

自然光——现实、柔和。
闪光灯——尖锐、虚幻。
灯光是最重要的元素，所以确认每个室内场地都有足够大的窗户。
协议的使用——许多场地的拥有者知道他们的场地很好并因此收费（尽量不要拿照片做交易，因为如果他们用这些照片作为宣传的话，你和你的摄影师就会有麻烦了）。
道具——使用合适的道具来衬托你的系列。

发型师和化妆师：他们可以让你的设计，包括模特的气质变得更精彩。安排一个会面，看看他们的造型设想是否能够充分表达你的意图。

摄影完成：一些摄影师会在摄影完成之后给客户直接预览，另外一些可能会通过网站发送精选图片。一旦图片选择完成，他们就开始进行数码工作流程（数字版的底片处理）。然后，摄影师就会对每张专业的时尚图片进行润色。润色是很贵的，所以你应该选择有限的图片进行润色。

确认你通知过摄影师这些照片用在什么地方（网站、海报等），因为图片的输出不同，其处理过程也不同。

＝＝＝＝＝＝＝＝＝＝＝＝＝＝＝＝＝＝＝＝＝＝＝＝＝＝＝＝＝＝＝＝＝＝＝＝＝＝

产品目录册

产品目录册是用于批发货品的销售列表，提供了所有产品或当季系列产品的信息，通常是与图册一同发送给买家。产品目录册包含以下内容：

商标。
季节（秋/冬、春/夏）。
款式（通常是图稿，有时是摄影图片）。
款式名称。
款式编号。
颜色和面料信息。

在背面应当包括：

发布日期和订货截止日期。
订单最小要求。
销售代理的联系信息。

额外信息：

面料小样广告牌。

素材	系列名称	系列号	颜色	鞋帮	批发价	建议零售价	图片
八字结	TABITHA	LG2447	黑色	黑漆皮	£ 75.00	£ 195.00	
八字结	TESSA	LG2461	紫红色	皮革	£ 71.15	£ 185.00	
八字结	RENE	LG2444	蓝黑色 黑条纹	织物	£ 75.00	£ 195.00	
八字结	SUUNY	LG2442	蓝黑色	漆皮	£ 67.50	£ 175.00	
八字结	ISABELLA	LG2420	紫红色	皮革	£ 61.55	£ 160.00	
八字结	ISABELLA	LG2421	黑条纹	织物	£ 61.55	£ 160.00	
八字结	FIFI	LG2438	紫红色 黑色 乳白色	漆皮	£ 65.50	£ 170.00	
八字结	FIFI	LG2439	青铜色	皮革	£ 65.50	£ 170.00	
八字结	FIFI	LG2478	品蓝色	绒面革	£ 65.50	£ 170.00	
八字结	FREDERICA	LG2449	紫红色 褐色 品蓝色	皮革	£ 52.00	£ 135.00	
八字结	FREDERICA	LG2450	黑色 乳白色	漆皮	£ 52.00	£ 135.00	

产品目录册主要用于销售，为买家下订单提供了必要的信息

信纸

采用名片、信笺抬头、问候语、精致的设计来增强品牌的形象。

吊牌

为了销售，商店希望你的产品包含吊牌。在批发时，产品带有吊牌（带着批发价格）是专业的做法。

设计吊牌时，传递品牌形象是很重要的。日本街头服饰品牌A Bathing Ape通过把它的logo融入并隐含到迷彩纹样的设计中来增强品牌信息

商标

顾客通过服装的商标辨别品牌和衡量产品质量。你可以通过生产商定制独特的、属于自己的商标。

你需要注意，商标上应该包含面料信息、注意事项和其他特殊说明，以及服装的尺寸和产地（不同国家对产地细节的法律要求不同）。

网站

就像商店的橱窗应该吸引顾客进入商店一样，你的网站也应该能够吸引人们进入你的品牌。你应该知道网站上的所有页面都需要和谁来交流，以及你的产品以一种什么样的方式进行通俗易懂且清晰明了的交流。如果你的产品以批发形式进行销售，那你的网站将是连接你和买手以及媒体信息查阅的第一联络点。

如果你准备在网上进行产品销售，那么要确保顾客从第一页开始浏览时就可以进行购买，并在大部分导航页上设置购买按钮。品牌Alice & Olivia以及Kate Spade是这方面的专家，他们从在线展现中获益不少。一个“新的”导航按钮对那些不想浏览大量他们已经看过的产品客户而言，是非常有帮助的。这样的效果相对一年只做两季更迭的时装品牌，在那些设计量不大但更新频繁的时尚品牌运作中更为明显。

一些年轻的设计师将电子商务网站当作展示其设计风范以及品牌历史的平台（网站上设有高端导航按钮用于打开品牌提供的额外信息，如之前在一些媒体上发布过的图片以及目前无法购买的一些产品系列图片），而不是把它当作一个分销渠道。毕竟，现在大多数消费者不是通过你的网站与你首次接触，而是通过那些媒体以及社交媒体等，如果他们决定来你的网站好好浏览一下，通常会考虑购买。请你为消费者们能够进行快捷购买做一些工作吧。

网站规划技巧

1. *明确网站的首要功能（如主要是进行货品销售还是用于教育）。*
2. *网站上一些小模块的运用是一种既便宜又有效的方法。*
3. *选择一个有效的配色方案并坚持使用它。*
4. *主页设计既简约又便捷。*
5. *网站上用于导航的按钮要尽可能便于操作。*
6. *不要被特效搞晕。*
7. *确保字体在设立好的背景中方便阅读。*
8. *内容为王。使用较强的视觉设计，瞬间传递品牌的价值。*

社交媒体

社交媒体的关键组成部分是它的互动性，在此可以和其他网站上的用户分享他们的观点、看法与内容。你可以把其他人带入谈话中，而不是仅仅告诉他们都发生了什么。对于一个时尚品牌而言，这意味着需要与你的消费群进一步接触，邀请他们看看屏幕后的你——如早期品牌建立时担心会毁灭其精心雕刻的形象等内容。相比传统的广告等交流模式，让宣传者更多地了解内容本身和如何输出等，最大限度地降低他们的信息被误解或被稀释的风险。社交媒体起始于一种对话，并成为一种持续不断塑造人们对你和你的企业的看法。

然而，大多品牌比以往任何时候都更多地转向社交媒体传递他们的信息，一些新兴的时尚品牌从一开始就把它当作主要的营销工具。Fatma AlMulah（参考本书第80页）解释道："社交媒体对FMM品牌以及我的生活都产生了巨大的影响。2011年我在wordpress.com上开了一个博客，今天主要使用Instagram以及偶尔会用到Snapchat。我喜欢Instagram的用户使用界面，因此这个平台是我的首选，因为它也非常方便使用。同时不可否认的是，这个平台让很多人关注到了FMM时尚品牌。"

这一观点也得到了来自阿米莉娅·格雷戈里（Amelia Gregory）——阿米莉娅时尚杂志出版商以及资深社交媒体人的赞同："一些新兴时尚设计师们运用社交媒体进行交流是至关重要的，因为在这里你可以方便迅捷且广泛而流畅地接触到媒体、潜在的个人买家以及零售买手等。"

不同的社交媒体平台提供了不同类型的内容：文字、图片、音频或视频，尽管每次新推出的多媒体在更新之际其界限有些模糊。一些与时尚初创品牌企业相关的应用有：

社交网络：连接人们的个人资料或公司网页，鼓励聊天和分享信息、视频、照片和音频。好处包括可以进行市场调查、提高品牌知名度、催生新的客户线索、建立联系、客户服务，如Facebook、Twitter、Linkedln。

媒体共享网络：使你能够在线上传和共享你的照片、视频和实时拍摄等。好处包括提升品牌的知名度和观众参与度、产生新的线索、推动网站流量，如Instagram、Snapchat、YouTube。

书签和管理网站：发现、讨论、分享和保存新出炉的趋势信息以及媒体内容。好处包括提升品牌知名度和受众参与度、推动网站流量，如Pinterest、Flipboard。

博客平台：在线发布、发现和讨论内容。好处包括提升受众参与度、传播品牌的价值观和生活方式、思维领导力、提高新产品的生产与销售，如Wordpress、Tumblr。

社交购物网络：关注品牌、发现新趋势、创造和分享消费。好处包括通过新渠道销售产品，加强品牌意识，使购物变得更有趣！

一些小型创业公司面临的挑战之一是管理社交媒体的策略、寻找开发内容和曝光时间最大化。社交媒体是推广品牌、控制成本最有效的方式。毫无疑问，回报与你投入的时间是一致的。因此，必须尽早决定你的策略，关注那些最适合你业务的媒体。

最大化社交媒体曝光技巧

确定你的平台：*你的客户档案研究（参考本书第84页）应该确定潜在的客户们大部分时间都在哪里度过。不要通过错误的渠道沟通来浪费时间。不同年龄组更喜欢不同的平台。集中精力去了解。*

明确你的目标：*从第一天开始，你就应该思考通过社交媒体最终达到的目的是什么：是提高品牌知名度，还是将自己的品牌定位在某一领域的先锋位置，或者是为网站带来流量？每一个都好好思考一下其价值所在。*

决定你需要讲什么：*列出4~5个与品牌相关的主题目录，来帮助你更好地进行内容拓展（如设计、灵感来源、屏幕之后、日常着装、有影响力者、生活方式）。*

创建内容日历：*规划好你在即将来临的一个月时间里的时间分配。这会给你的追随者带来更具策划性和品牌相关的体验，从长远来看还会替你节约时间。*

与你的听众互动：*社交媒体是一个"永远"都在那儿的可以与你的追随者直接交流的渠道。请保持良好的反馈，让他们觉得自己可以成为对话的一部分。*

衡量你的结果：*运用平台上提供的可进行分析和洞察的工具软件，找出哪些对你有用而哪些是没有用的。采用这种方式让你的内容策划更有活力。*

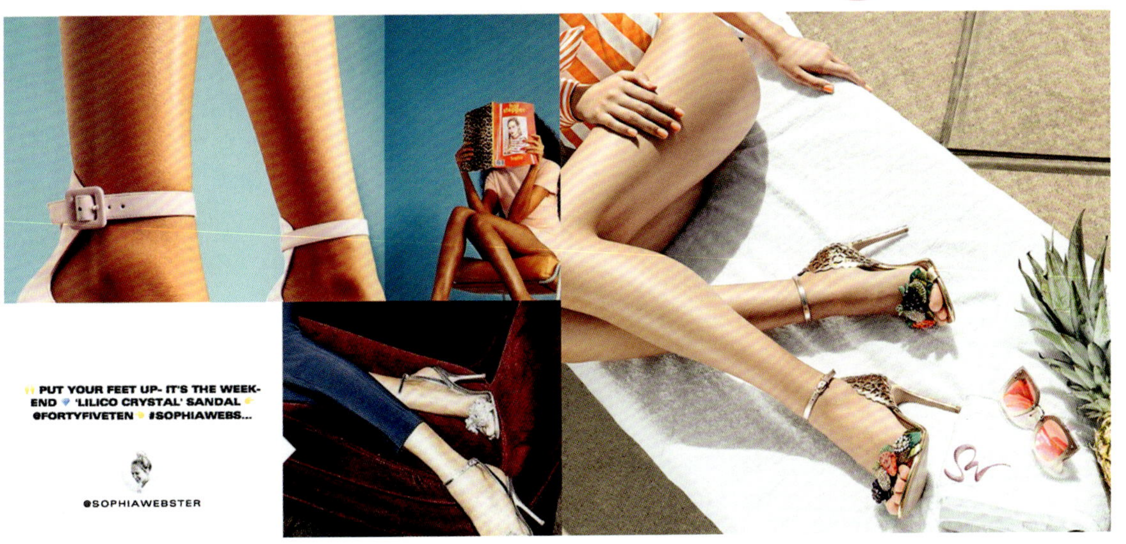

PUT YOUR FEET UP- IT'S THE WEEK-END 'LILICO CRYSTAL' SANDAL @FORTYFIVETEN #SOPHIAWEBS...
@SOPHIAWEBSTER

鞋品设计师索菲亚·韦伯斯特利用社交媒体给人留下深刻的印象，提高了品牌认知度

索菲亚·韦伯斯特（Sophia Webster）

来自伦敦的索菲亚·韦伯斯特于2012年毕业于伦敦时装学院的鞋饰设计后就以其自己的名字为商标来发布鞋类方面的作品。她属于较早一批将社交媒体融入自己时尚创业中且取得一定成功的设计师。她的设计策略比较明确：利用摄影技术，在照片中将鞋类作品呈现得非常精彩，并使用相关的社交媒体平台（如Instagram/Snapchat）来展示给她的追随者们，时尚界称她为“天生的Ins设计师”。她的优势主要是什么呢？首先，她有非常强大的品牌价值观；其次，她将俏皮、有活力且具亲和力的“女强人”形象打造得极具摩登和具有现代感。在她所创作的产品系列里，一直保持这种价值观以及风范，无论是她的鞋类新产品或者是包袋饰品设计以及在伦敦时装周上发布的系列设计，都能看到她所打造的时尚风格的一致表现，包括她让全体员工都加入到模仿英国辣妹组合“Wannabe”这首热门歌曲20周年的活动中，足以看到索菲亚·韦伯斯特设计品牌所坚持的一种时尚态度。所以通过媒体和媒介我们能很快地找到她以及她所主张的服饰时尚设计。

当你在使用社交媒体媒介时，如何展现你以及你的品牌是非常重要的，就像你如何与其他人用声音进行交流一样。你需要清楚你是谁以及怎样被他人感知？一些设计师在社交媒体里将每日的一些活动细节（不管好坏）都一一呈现出来以便随时和他们的追随者保持对话；而一些设计师品牌在社交媒体上只进行“品牌”专业性方面的发布与对话。如何正确地发声需要考虑当前的情形，如设计师阿米莉娅在谈到推特（Twitter）时说：“这是一种难以置信的非常平等的沟通方式，因为它允许用户进行跨层次网络连接，但需要注意一些细微界限。例如，始终需要好好考虑如何建立好与你有业务往来可能的人的沟通方式，因为包括你们第一次的联络在内，你已经在塑造自己的品牌形象了。”

有影响力的市场

过去十年里，社交媒体蓬勃发展，产生拥有大量追随者的个人崛起——其中也有一些其追随者数量不算太多的人——但他们都是一些对其他人在时尚观念以及购买行为方面有较强影响力的人。这样导致了一些品牌开始给予这类少数有影响力的人一定的资金以及不少的投入来打造他们的影响力而不是给予品牌所对应市场上的大多数人。这种营销的关键在于为你的品牌选择适合的影响者。

社交媒体中一些具有影响力的网红只和那些在产品设计中有独特造诣的品牌合作，但随着对与这些网红合作的期待和渴望不断增加，现在有些品牌会和网红讨价还价，收费后将他们的品牌产品直接摆到那些追随者的面前——毕竟网红以及有影响力的人们花了不少的时间和精力来整合他们的粉丝和追随者。如何收取费用有很大的不同，会根据他们的追随者或关注者的数量、期望从这些网红和有影响力的社交媒体中跟帖反馈的数量、他们所在的国家以及你们谈判时的交易类型而定。大多数都会有一张费率卡以及列表说明费用。这些也取决于你们的谈判从而决定以此作为投资与回报是否合理等。

提示：

在与有影响力的人合作时，这样的一些内容也许不太难理解。现在一些品牌会花同样多的时间和影响力在小微级别（大概追随者在3万以下）的人合作，因为这样的投资回报也同样不错，甚至更好。

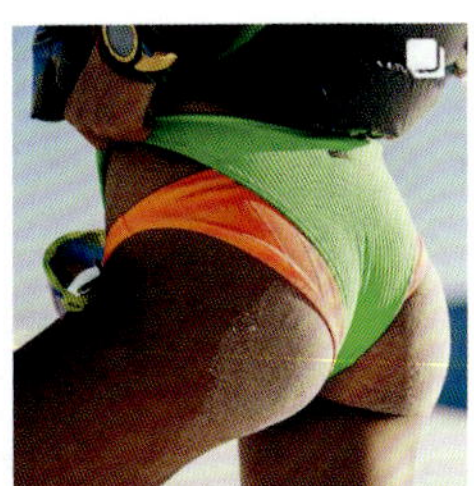

Triangl品牌通过网络社交媒体网红市场营销，在有限的财政预算下获得时尚业务的拓展

泰安吉（Triangl）品牌

来自澳大利亚的泳装品牌泰安吉（后简称T牌）面对有限的公关以及市场营销财政预算，且在尝试批发其产品遇到不利之后，选择了直接面对消费者的商业模式，严格通过自己的网站进行销售，并将Instagram作为他们的平台，专注于影响力营销。凭借强大的USP（将氯丁橡胶引入比基尼市场）和清晰的设计美学，他们开始寻找最能代表品牌销售愿望的有影响力者，赠送他们独特的设计以获得有利且免费的媒体报道。

随着他们在Instagram上追随者数量的不断增加，T牌开始向更多的名人以及明星如Kendall Jenner、Miley Cyrus以及Beyonce提供他们的产品，此时销售额增长了5倍，在一年内将这家商业价值500万澳元的公司发展到2500万澳元。这些将产品和迷人的海滩景色结合起来的图片技术难度不大，但在Instagram上增加到340万的粉丝数量，并帮助他们在最初的三年内获得超过4500万澳元的交易收入。

活动

展览

展览是提供贸易来往以及提高品牌知名度的好方式，所以展览期间应该准备一些宣传信息包（参考本书第182页）。这样，消费者在使用它们时，会为你的品牌直接面向公众提供好机会。

活动网络

一些特定的人群需要对你进行了解。官方的一些部门时常有为规模大小不一的时装企业开办各种活动，因此你要留意一下这类活动的新闻发布。

参加聚会也是传播名声很好的方法，如参加那些待人友好的活动组织者组织的聚会。你的品牌名声越大，收到的邀请也越多。

时装秀

时装表演或时装秀仍然是时尚的一个重要组成部分，在时尚创意产业中作为助推和打造浓烈的时尚氛围都起着关键作用。位于世界各地的大都会举办的时装周给设计师们向媒体、买手以及消费者提供其最新系列设计的机会，同时也给予其品牌很好的展示。

时装秀通常分为两类：以参与贸易博览交易会为主的时装秀通常展示的是设计师们为下一季开发的新系列（4～6个月后可供消费者购买）和以购买产品的消费者客户们为目标的即看即买系列。在世界上一些新兴的零售市场，以消费者为主的时装秀活动是比较多见的一种模式，所以很少有持有多品牌或百货公司的买手们来购买。然而，如今即看即买的商业模式也促使以消费者为驱动的零售方式成为大势所趋。在Facebook以及Instagram上的时装秀直播和相关现场视频播放，让消费者无论在哪个地方都能够获得了最新的全球时尚动态消息。消费者这种即看就马上希望购买的情形，对于很多品牌商业策略的制订有不可避免的冲击与影响。

时装秀清单

场地

是否足够大、位于中心并且在视觉上适合你的品牌？是否能够容纳下时装秀、顾客的座位？后台空间如何？

风险分析/保险

你必须确认地点是否有公共责任保险。如果你自己组织时装秀，你需要上公共责任保险和雇主责任险。

设计师Anya Hindmarch在伦敦时装周上的系列发布所看到的视觉效果和网络上在线观赏的效果同样有趣

时装秀场/T台

多数时装秀希望观众能够有一个良好的观看体验，即从模特的头部看到她们脚上穿的鞋子。通常比平地略高一级的T台能起到很好的效果。

音乐

你所选择的音乐应该符合你想要表达的设计理念。你需要获得表演权利许可。如果你想用DJ的话，你必须向他们确认是否有授权。如果没有，则需要申请。

职员

在后台，你需要配备一个完成整体造型的团队。在这方面，来自服装学院的学生们非常乐意提供帮助。他们必须对所负责的装备（诸如服装以及配饰组合等）进行了解——任何一个位置或放置的细节都必须了解清楚。

还需要有一些人负责前台和观众。

模特

与有名的模特代理机构合作。模特的数量和他们的声望取决于你的预算。你需要对模特进行挑选——看看他们的资料并请他们试走一下，以确认他们是否适合你的时装秀。不要对每个模特都花费过多的时间。为你满意的模特拍照，以便记住他们。一旦你选择好了，就给代理机构打电话进行预约。如果他们在同一时间还有其他时装秀，代理机构会为你提供其他人选。随着时装秀时间的临近，他们会向你进行确认。你也必须告诉模特当天到达的时间——通常情况下在比较繁忙的阶段，一般定在时装秀前的4小时。确定这些模特们精力充沛——你也希望他们能够以最好的状态参加时装秀。

关于费用也是通过和代理机构进行协商。大多数情况下，费用只包括时装秀的费用；如果你想要把时装秀的照片用于图册、网站或者是广告的话，需要额外付费。

摄影师

预约一个为时装秀拍照的摄影师吧，如果他不能过来的话，就把打印的合同发给他。尽力选择一个好的合同范本，挑选有时装秀摄影经验的人。参考www.vogue.co.uk或www.farfetch.com作为理想的摄影类型。

灯光

找专业的人帮忙吧。这不会花费你太多资金，而且还会为你的摄影提供合适的灯光。

发型和化妆

你需要一个发型设计和化妆团队。他们在每个模特身上可能需要花30～60分钟的时间。服装学院或发艺沙龙都是寻找免费提供服务人员的好地方——只要他们能获得提名即可。你也可能因此获得赞助（参见以下描述）。

邀请函

至少在时装秀的4周前把邀请函发出去（除非你在正式的时装周之间举办时装秀，并且你的名字也被安排在时装周的名单中）。邀请函应当至少需要提前6周着手印制。对时装秀场简单地了解一下，以衡量容纳的人数并制订座位安排。通常情况都是媒体和买家在一端，名人和VIP会员在另一端。

主持人

如果你是为消费者而不是为贸易伙伴或媒体等组织时装秀的话，最好安排一个主持人对时装秀进行介绍——这个人应当具有一定的幽默感和自信心。你可能需要为确认所有的赞助人以及发布会中需要被提及的重要内容而准备一些文字材料。

致谢表和新闻稿

致谢表应当包括致谢、赞助方的logo以及关于时装秀发布会过程中的新闻稿（附上你的详细联系方式），应该在每个座位上都摆放一份。

新闻媒体与媒介

在时装秀的前一个月，把新闻稿发送出去并打电话通知。提前两周发出另外一个新闻稿以及打电话通知。你必须为媒体提供相关信息。时装秀是很好的视觉题材，并且能够获得区域性和全国范围的电视覆盖率。

媒体开放日

品牌通常安排一天的时间用于接待媒体，让他们能够亲自观看作品发布，地点一般选在中心地区的酒店或者是设计师的工作室中。对于不知名的品牌，你必须努力确认媒体是否能够出席。如果你和一些志同道合的品牌一起分享一个媒体开放日或者和他们的公关部门一起在新闻发布之际搭个便车都是不错的选择。或者如果你觉得当前作为品牌的早期阶段还不是很成熟，以至于媒体不太能过来找你，那么把设计系列信息带给媒体会更有效。

赞助

对于设计师而言，为自己的时装秀以及相关活动找寻赞助是很常见的，特别是一些美容和美发等产品品牌，或者是一些能够从时装秀整体秀场氛围中产生良好反馈的品牌等。对于年轻的时尚品牌而言，举办活动以及时装秀的成本非常高，所以无论是财务上的或者以提供产品和服务为主的各种赞助，都能在很大程度上实现设计师的梦想。想想哪些公司及品牌可以从中获益，以及你所代表的利益有哪些。大公司往往比较喜欢和新兴的品牌合作，处于这种阶段的考虑，你的品牌可以不用做得太大，但要有新意。

合作

从奢侈品品牌路易·威登（Louis Vuitton）与新锐的街头品牌Supreme的合作，到快时尚品牌H&M与英国知名品牌Erdem的合作，再到JW Anderson和优衣库品牌的合作，合作越来越成为不同规模的时尚品牌日益流行的战略。这样的一些合作可以用来提高品牌的知名度，吸引新的追随者，创造新的销售渠道，拆解传统思维和购买模式，并保证一定的宣传效应。

来自巴西的品牌珐姆（FARM）与运动服装巨头阿迪达斯（Adidas）的合作就是一个很好的互利合作案例。阿迪达斯从与巴西最知名、最受尊重的品牌合作中受益匪浅，在设计中融入了当前最时尚的趋势（包括活力四射的颜色，以及来自巴西独特的文化气息传承和热情激昂的设计等），同时珐姆品牌也获得了加强其品牌理念的机会，并把该品牌具有的设计理念带给了来自全球的新老消费客户。

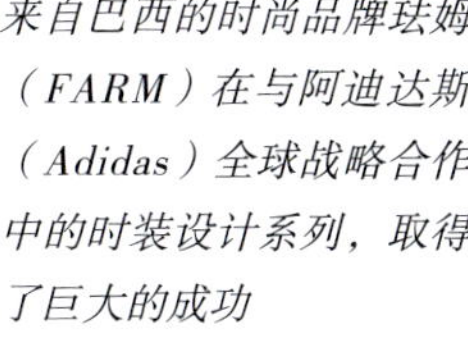

来自巴西的时尚品牌珐姆（FARM）在与阿迪达斯（Adidas）全球战略合作中的时装设计系列，取得了巨大的成功

公共关系

公共关系对于你的品牌宣传非常重要，并且与广告相比物有所值。它非常适合时尚行业，因为时尚行业总能提供新颖的东西。

你的设计理念是什么?

你必须清楚时尚媒体喜欢关注的话题。了解一下一些时尚杂志是如何呈现时尚内容的。

来自品牌Mulberry的营销主管里克 · 特纳（Niki Terner）：

“充分了解你所需要用于发布的媒介，确保在界面上有较好的展示，但注意不要仅仅只是讲理念。找一个合适的角度，并就此给予理念展开相关的且有意思的探讨。记住，记者们每周都会收到几百份资料，所以尽量找到一个能够引起他们注意同时对你的品牌没有任何坏处的方式。我从时尚记者处听到最常见的抱怨就是他们收到大量的垃圾投稿，根本没有对他们的媒介如出版物或栏目进行了解。他们通常希望听到像合作、慈善以及和社会名人有关的具备新闻价值的题材。”

获取新闻报道的一些提示

***扮演报道者：**换位思考。想想记者们想要为读者提供什么内容、主题或者有趣的产品？什么题材是新鲜的、具有煽动性的?*

***投稿附言：**当你发出一份投稿时，你可以单独附上一个意见。你可以说：“我认为你会对这方面感兴趣，因为……”*

***考虑长期合作关系：**和记者们结识，即使他们这次没有采纳你的稿件，你也可以确信他们会浏览你的下一份稿件。这就是关系的作用。*

信息包

与媒体接触时，你应当带着信息包，里面装上所有与你的品牌以及设计理念等相关的资料。一般可以包括以下内容：

发展历程。
设计师简介。
图册。
新闻稿件。
联系方式。

品牌的历程和设计师的简介需要不断地更新，而图册需要季度性地重印，以反映你最新的产品系列。记者和编辑会浏览你的图册，寻找需要出版的关键资料。

新闻稿应当附上特定要求或通告。一般来说，发表时需要包括：最新发布的产品、销售产品的主要商店及分销渠道、名人搭售。

典型新闻稿的格式

===

用于马上刊发

这些字应当全部大写，标在左上方的空白处。

标题

一个能够完整传递新闻稿核心内容的句子。三个字母或更少的冠词、介词和连接词应当采用小写。

截止日期

你投递的城市名和投递的日期。

引导段落

介绍性的开头应该能够抓住读者的注意力，并且要包括大部分相关信息，如5W原则（Who、What、When、Where、Why）。它应当包括新闻稿的介绍以及让感兴趣的读者了解更多的链接。

内容

在此处应该对你要表达的信息进行全面阐述。许多公司都选择采用倒金字塔写作结构，也就是最重要的内容最先叙述。

标准内容

你的新闻稿应该以一个言简意赅的段落完成对品牌、产品、服务、历史等方面的介绍。

联系细节

名称、电话、E-mail邮箱地址和网站。

===

你的新闻稿不保证能够发表。公共关系就是和媒体建立关系，你必须拿起电话和你想要投稿的栏目记者直接联系。当你打电话的时候，你必须清楚需要说什么以及是否找对了谈话对象。一旦建立了联系之后，你会发现记者开始回访（参考以下内容）要求摄影和评论的资料。此时，你应该明白建立的关系开始起作用了。

回访

回访就是记者或造型师向你索要产品的有关介绍、图片或编辑过的照片。他们通常会说自己通过图册对你的发布会的几个产品感兴趣。如果你在图册中只附上部分照片的话，这时你就可以在网站上把剩下的照片提供给他们。他们选择的越多，符合作为他们题材的内容也就越多。

关于哪些内容需要进一步呈现给记者们，取决于回访的刊物是什么，以及是在哪个专题下宣传。主流出版物和电视节目通常会安排专门人员负责此事，并负责返还你投递的内容。很明显，这就看你是否位于主流媒体地域附近了。有时你可能需要自己负责发送样品，有时你也可以问问他们是否能够

任务：
列出关注的20个记者或编辑

标示出符合你的目标客户的出版物。浏览每个出版物，并列出主要记者和他们负责的栏目，精简到20人。这些就是公共关系活动所要考虑的人。

顺路来取一趟。如果你离主流媒体地点很远，你可能需要找一个和主流媒体关系很近的公共代理机构作为代理。他们会保存你最具新闻价值的样品，并负责所有新闻咨询的事务。

注意动向

一旦回访完成，请详细记录相关资料，包括发送出去的内容、时间、接收人以及拍摄日期。保留一份记录，并把另一份放到档案袋中（附上你的联系方式）交给他们。同时附上一个免责声明，标注清楚所有损坏的或者没有返回的东西都需要全款赔偿。媒体单位每天会处理上百个类似的回访，每个都会放在他们的柜子中，东西很容易弄乱。你会希望你的样品一旦处理完成就尽快地返回来，以确保为他们的下一次回访做好准备。

剪报册和招贴

你的产品通过了回访，并不一定意味着肯定能够出版或发行。如果你的产品将在杂志注销的话，他们通常会打电话要求你提供一个推荐的零售价格和供应商的地址或电话号码。一旦你知道你的产品将会刊登，要确定它会在哪一期上发表。买一份并复制到你的剪报册中，这将是你向买家、顾客和潜在的投资者们展示品牌所获成果的绝佳工具。你也可以把它放到网站上去。

对一些非常有价值的被报道过的内容，你也可以自己花钱从该媒体处购买一份，放置于展示的集册中，并在贸易展销会上放在醒目的位置，以向潜在的买家展示你的品牌是受人关注的。你也可以针对那些主要的零售商们额外再增加一些图例，以提高关注度。

来自印度尼西亚的设计师佩吉·哈坦拖托（Peggy Hartanto）聘请了一家洛杉矶公关公司，为全球名人（包括Gigi Hadid）提供产品

名人穿戴

如果你的产品通过合适的名人穿戴的话，可能会对你的品牌产生很大的影响。然而，通过名人散发的信息是不能挽回的。如果你生产的是高档的、适合红地毯等隆重场合穿着的礼服，而名人也是温文尔雅的好莱坞一线明星，这是非常好的。但如果只是一个被认为是低俗而廉价的非主流名人的话，效果可能会不太好。

让名人穿戴你的产品的关键是和他们的造型师建立联系，因为很大程度上名人的穿戴会受到造型师的影响。你的品牌越显眼且得到的关注越多，造型师联系你询问产品的机会越多。一些服务机构如“名人智囊团”（celebrityintelligence.com）以月收费的方式提供全球名人的联系方式等服务，当然大部分是这些名人的代理人的联系方式。最后取决于你如何进行联络。名人通常会给你回复，并附上他们造型师提供的条款。

伦敦 Damsel精品店的OZ和 Kat Aalam说：“从销售来看，对我们帮助最大的就是杂志的封面或者是名人的着装。”

内部公关和代理机构

如果比较冒失地给记者打电话会让你为难的话，最好的方式就是找其他人作为你的公关，或者是公司内部的专职人员，又或者可以通过知名的时尚公关代理机构。

优点和缺点

内部公关

优点：

 # 了解主要的内部功能。

 # 快速有效地处理一系列外部咨询。

 # 理解品牌的市场定位和发展历程。

 # 可以为你的品牌付出100%的精力和注意力。

缺点：

 # 需要固定的开销（即使是兼职）。

代理机构

优点：

 # 拥有专业的资源（专业评论者和相关产品）。

 # 可以提供新颖的思路和方法。

 # 更广泛的联系范围/经验。

 # 开销不是固定的。

缺点：

 # 只关注大客户。

公共关系代理机构通常预留一个月的保证金，每个月的收费从小代理机构的500英镑到为很多品牌做代理的顶级机构的10000英镑以上的范围不等。如果你预算紧张的话，还是把钱用到销售而不是公关代理上，这算是一种长期的投资。可能有很多你没有听说过的服装品牌很少在媒体上出现，但它们却相当赚钱。它们通过市场和销售活动建立自己的客户群，而不是通过追随新闻媒体的方式。如果你的产品不能让客户满意，任何大肆宣传的广告都不能让你获得成功。

广告

对于那些规模不大且财政预算较为紧张，处于起步阶段的时尚品牌而言，大力进行产品的推广以及发掘潜在的消费群客户等工作似乎看起来有些可望不可及，由此他们比较依赖那些服务于大多品牌的公关公司这一形式。然而，随着电子商务时代的崛起与到来，在社交媒体上的时尚业务广告推广等方式日渐发展，针对一些预算不多的业务往来，可以选择考虑线上或线下的推广等。

线上广告

大量数据表明网上广告预算是在逐年增加的，时尚品牌比较常见的形式有：

展示性及实质性广告

展示性广告经常出现在第三方网站顶部的图像以及视频框里，广告一般很清楚并旨在进行快速的转换。它们的设计是为了从网站中脱颖而出，以便清晰可见。另外，实质性广告是为了融入网站的整体设计和布局，使其看起来比较真实。你甚至可能不太会注意到这些付费广告，直到你看见“赞助”或“广告”一词。

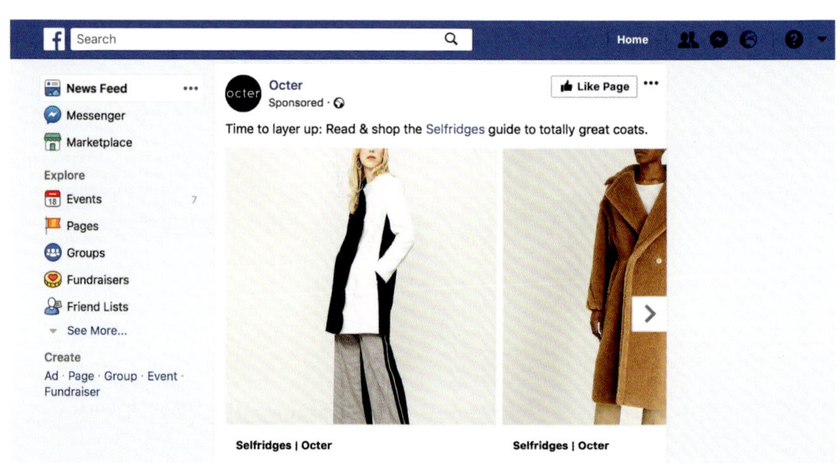

针对新老目标客户，诸如在Facebook等社交平台上的赞助张贴，对你的品牌信息以及产品设计等都是一种非常有效的推广

社交媒体广告

社交媒体上的广告可以任何形式，如最基本的图片图形到自动播放视频等来进行推广。它们是非常有效的一种方式，根据地区、年龄、兴趣、品牌偏好甚至关系状态等来发现并瞄准你的潜在客户信息。例如，你做的是和新娘婚纱服装有关的设计，那么你可以把你在Facebook上的广告投放目标锁定在对你的品牌有着相似兴趣与爱好的“订婚”女性身上。不仅如此，你还可以锁定竞争对手的网页和其他婚礼产品以及服务提供商的网页。只需输入竞争对手、品牌以及其他网页的名称，就可进入Facebook Power编辑器“兴趣”部分进行浏览。

Facebook是现存比较老的社交媒体平台之一——目前最大的Instagram正成为一些初创时尚品牌投入广告预算花费的首选平台。该平台简洁明了，有利于视觉表达，用户的参与度较高，且吸引了很多年轻的客户群（在18～30岁的人群中最受欢迎）。这两个平台对于如何在它们这里做广告都有比较清晰且循序渐进的指导。

你可以创建与管理自己的社交媒体活动，也可以与专门从事这一领域的机构合作。

搜索引擎营销（SEM）

SEM的工作原理在于关键字或关键词。针对你的目标客户可能会使用的搜索引擎平台如谷歌（Google）或必应（Bing in）来搜索的关键字/词与其他公司进行竞价，以使你的网站在搜索结果上出现更高的页面。会在这些结果页面的顶部或侧面看到广告的文本。付费可以依据每次的点击（PPC），即只需根据有人点击广告的量来收取费用；也可以根据每千人的成本（CPM）来计算与收取费用，即按照统一费率1000印记来收取金额。

重新锁定目标

向了解你和你产品的人进行推销的一个好方法就是重新定位他们。这也许是由Facebook和Google所提供的广告其最好的功能之一，如果做得正确的话，它可以比PPC更便宜更有效。通过在你的网站特定的页面上添加Facebook或Google图像显示设置，访问者会被标记并显示他们曾经考虑通过Facebook/Google购买相关产品。

电子邮件营销

建立电子邮件活动来进行新产品推广、促销、博客张贴以及销售等可极大增加购买潜力和客户的忠诚度。当你使用电子邮件营销活动经理（如MailChimp或活动监视器）帮你准备并发送电子邮件时，你可以跟踪其有效性并了解你的投资回报。要使电子邮件活动发挥作用，你需要一个潜在客户的数据库作为目标。最简单的方法是在你的网站上放置一个时事通讯注册，或者让人们在你正在展示的活动中注册。好好检查一下你所在国家对于垃圾邮件管理的规定是很重要的，并在收到请求时为其提供从列表中删除的机会。

线下广告

线下广告是指采用传统的平台进行品牌其产品以及服务的宣传，包括杂志、广告牌、广播、电视、传单以及宣传册等。对一些大品牌而言最常见的就是做相关杂志的广告（杂志的读者群一般与目标消费群保持一致）以及位于战略位置的招贴海报广告和广告牌广告。然而，由于数字时代的到来，数字广告机会激增，为市场营销负责人提供了一种更灵活、成本更低、更有影响力以及可追踪的替代方案。如今一些品牌通过在线和离线媒体选择将广告预算分离开来。这也使一些小品牌有机会获得比较不错的价格和方式来广而告之，这些是他们之前难以做到的。

来自英国的新娘时装品牌蓓勒·邦蒂（Belle Bunty）说：

"我们的广告预算大多集中在数字媒体上，主要通过专业的婚礼博客和Instagram。然而，当我们投入一定经费，和像Conde Nast's Brides这样光彩夺目的大型杂志合作时，我们尝试举办一些读者活动，不仅可以让我们有机会与准新娘们见见面，还可以通过杂志和数字媒体报道这一活动，为我们的社交媒体平台提供了充实的内容。我们自己也举办读者活动，而且邀请一些与我们的新娘装品牌互补的婚庆行当以及其他类型的供应商一起加入到活动中，让他们在杂志曝光与接触客户的同时，与我们一起分担成本。"

毫无疑问，广告是一条让你的企业受到关注并尝试为销售创造新线索的路径，值得关注的是大多品牌在成长的过程中通过社交媒体以及公关等多种广告方式有机地发展自己的业务，如鞋类品牌索菲亚·韦伯斯特（Sophia Webster）以及泳装品牌泰安吉（Triangl）。

案例分析：奥莉维亚·伯顿（Olivia Burton）

莱莎·贝莱特（Lesa Bennett）和杰玛·菲林斯（Jemma Fennings）于2011年在伦敦成立钟表时尚品牌奥莉维亚·伯顿。该品牌于2017年被世界顶级钟表制造商之一的Movado Group以6000万欧元收购。莱莎和杰玛在进入伦敦时装学院的第一天相识，在那里她们“产生对设计的热爱和创业的热情，并力争一起做一番事业。”毕业后，两人都成了时尚买手，为英国最大的时尚电商公司ASOS和英国知名的时尚品牌Topshop工作，她们坚信积累了一定知识可以独立完成好工作：“我们非常幸运在时尚产业工作的时候学到了很多的东西。”

关于奥莉维亚·伯顿的品牌构想是在一次购买手表的过程中酝酿的：“我们就想买一支喜欢的手表；在古董市场上精美别致的物品间走走停停。我们觉得市场上缺乏针对女性即时尚又满足一般购买力的手表，我们对此充满激情并开始着手准备。”她们开始研究产品类别并进行草图构思，杰玛解释说：“当时市场上的手表款式普遍比较男性化且比较陈旧。手表可以当作投资收藏品去购买，作为女性，我们知道改变您的外表来适应不同的场合、季节和造型是有多么的重要。”她们以莱莎的姑母姓名为品牌名称，“因为她的热情与活力给了我们丰厚的创作灵感。”

莱莎和杰玛在辞去工作开创自己的设计前攒了15000英镑，“我们在厨房的桌子上进行创作并用之前攒下的钱做了第一笔订单。一旦我们做出了财务上的承诺，就再也没有回头。”

2012年她们将信将疑地发布了第一个时尚手表系列，混合了怀旧风并注入最新的流行趋势，同时价格比较公道。“手绘时装表的效果图是丰富且多元的，设计精美并搭配了重要的色彩。”她们发布了5个胶囊系列（总计大概25款设计），并约定以后每两个月发布一次，同时希望凭借自己的力量给这一领域带来一些改变。时尚专业的背景让她俩对新奇的事物都比较感兴趣，而作为她们的商业策略也非常有意义，她们希望将手表作为一种真正的时尚来巩固与设计，并鼓励在购买时多元化风格而打造自己的时尚手表柜橱。

一开始她们采用了海外加工生产的方式，“我们非常希望能够在英国生产，但考虑到价格的可接受程度，我们不得不采取切实可行的策略。”“当第一批货抵达时，我们亲自打开包装检查每一块表，我想大概有700支手表的样子。任何的不完美都会被搁置一边。”

最初，两人直接联系在英国的零售商，包括在欧盟的主要电子商务零售商，当然都是她们认为非常适合此品牌的零售商们。英国百货公司Harvey Nichols是该品牌最早的零售商之一，“向优良的品牌看齐确实有助于提升品牌品质。”从那时起，英国知名的高端百货零售商如Selfridges以及John Lewis也紧随其后。创业的第一年里，在巴黎的一次贸易博览会上，品牌奥莉维亚·伯顿接触到了来自海外的订单，这种在不同地域领域里被认可的经历让她们非常的激动。显然“品牌在国际市场上崭露头角”。

奥莉维亚·伯顿一开始就增加了社交媒体渠道与受众们接触，当时品牌还处于初级阶段，她们利用社交媒体不仅做外围的交流，同时也“增加与客户的直接沟通，根据客户的反馈进行设计。”例如，她们颇受欢迎的素食态度系列设计就是在听取反馈后创建的。“品牌的客户们非常愿意交流他们的想法，我们很荣幸把他们想要的变成现实。”

除了使用社交媒体，她们一开始也雇用了公关公司，其也同意收取比较少的费用。可是早期当品牌暂时没有收入的时候，每月支付1000英镑都很困难。后来我们达成协议按公关负载量的占比来收费，这样我们也有机会接触到更多的消费者。杰玛解释道：“与认可我们品牌的公司合作是非常重要的，他们对新品牌很支持并不断合理调整收费标准。”2017年，他们把公关引入到公司内部，“随着SKU（库存单位）的数量增加，我

SEARCH
OLIVIA·BURTON
LONDON
NEW IN | WATCHES | JEWELLERY | BEES | FLORALS | GIFTS | EXCLUSIVES | THE BUZZ
Marble florals
The cool new way to wear florals
SHOP NOW

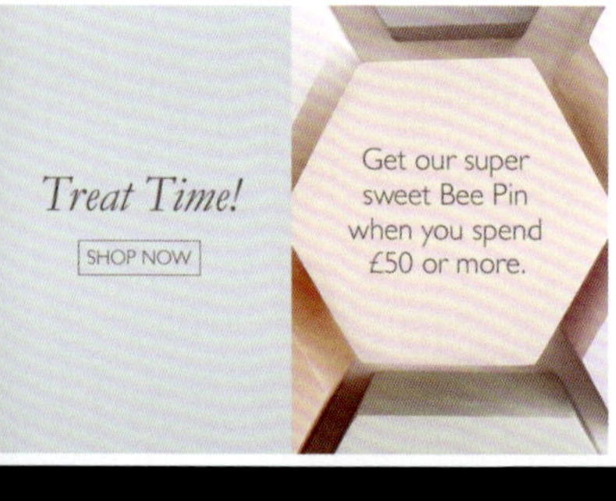

Treat Time!
SHOP NOW
Get our super sweet Bee Pin when you spend £50 or more.

奥莉维亚·伯顿品牌引领手表时尚行业的胶囊系列策略非常有效，为顾客打造了全新的时尚表穿搭理念

们需要一个规模不大但专注品牌发展的合作机构的加入。”

杰玛指出，“从激励她们的因素来看，对我而言，这是一种财务保障，我是一个很有责任心的人，我希望能够为自己和未来以及家庭提供一定的保障，所以我的动力就是做好工作。当看见人们很享受穿戴我们的设计时，我感到这一切是值得的，在我喜欢的店里看到奥莉维亚·伯顿时多少还是有些紧张。”她们一开始就把“打造一个非常有创意的品牌形象”看作快速成功的关键之一。“我们从一开始就塑造了一个具有比较强的审美力形象，同时随品牌的发展而坚持做好这一点是非常重要的。我们经常被要求与一些背离品牌DNA的零售商合作，但我们必须忠于自己而说‘不’。”

最令人沮丧的是开始阶段，“你需要面对所有的一切包括人力资源管理、法律事项、财务支持等——这是一段很漫长的旅程。当你不得不做所有的事情时，你必须从你较为擅长的事物中停下来。准备好处理不同的事物并聘请专家来帮你解决。”这就是为什么在没有外部资金支持的六年后，他们以每年收入1500万卖给Movado集团，“集团CEO埃弗拉姆·格林伯戈（Efraim Grinberg）接洽了我们。我们并不寻求投资，2017年，Movado集团收购了我们，我们需要集团在专业性以及资源推广上来帮助我们。”

该品牌于2018年的9月在伦敦的考文特花园开设了旗舰店。奥莉维亚·伯顿的使命是明确的，它成为世界第一的女性饰品品牌。

OLIVIA BURTON
OLIVIA BURTON
OLIVIA BURTON

案例分析：Soulland

2012年，丹麦设计师西莱思·阿德勒（Silas Adler）在年仅17岁且没有受过正规培训的情况下就创办了自己的服装品牌Soulland（丹麦休闲服装品牌）。他承认自己是从难入手。“我年轻的时候就开始创建品牌，而且没有经验。刚开始时，我没有任何计划或相关的准备，就进入了这一行业。实际上，我从高中就开始和几个朋友创办公司。我们都喜欢滑板并且经常旷课。一天早上我醒来后开始思考，如果我能开一个服装公司为什么还去学校？然后我就付诸行动。”

创业初期，他们生产T恤衫，然后卖给朋友以及小型的滑板商店。很快他的朋友就产生厌倦并返回了学校，但西莱思仍然坚持着。“现在回想起来，我也不知道当初为什么会这么做。所有的东西都是陌生的而且我一点经验都没有，但我一直在学习。我想你可能会说我创建了自己的学校。”

最初几年，西莱思从事不同的工作，也做过时尚零售商WoodWood的实习生。“后来，我自己反思，如果你想要做某件事就必须100%地投入。”因此，他辞去了所有的工作，并全力投入十款不风格的成衣系列创作中。

起初他的母亲帮他管理业务。2007年他找到了一个合作者——Jacob Kampp Berliner。Jacob拥有丹麦珠宝品牌的开发经验，而且他很喜欢西莱思的性格，并投入资金成为合作者。2009年，Jacob成为一个全职的成员，每天和西莱思一起管理公司。

Soulland现在每年提供两季全系列男士成衣产品。西莱思说道：“你必须让你的产品拥有某些特殊性才能迎合市场，产品必须符合价格策略，这样目标消费者才会购买。”在创建的早期，Soulland一直注重批发，后来它开设了自己的旗舰店，并于2013年在哥本哈根展示其设计系列并举办临时音乐会和活动。他们也开设了网店，通过访谈和策划的发帖来销售服装产品以及制作的内容，突出Soulland团队的兴趣及特色。

最初产品都是本地生产，但随着发展他们把大部分生产都放到了葡萄牙。他们的帽子系列依然在哥本哈根本地生产，并注入传统的工艺提高其附加值。对西莱思而言，“生产是企业运营中最令人心力交瘁的。”

品牌推广在公司里一直是通过网络进行的，这也是Soulland建立知名度的关键。作为滑板运动社区的主要成员之一，西莱思和来自不同国家一级地区的人成为朋友（“滑板是我们的共同点”），并且他相信时尚行业也是如此。“在你的平台上保持开发是非常重要的，你永远不知道你遇到的人最终会在哪里结束。”作为公关策略的一部分，Soulland在一个季节性的时装展示中发布他们较为完整的一个服装系列。尽管当时在哥本哈根没有其他男装品牌热衷于时装秀，“对于我们而言很重要，我们现在成为哥本哈根时装周期间最流行的时装秀之一。”

西莱思沉醉于自己的老板角色中。看着自己的创意转换成钞票也是很有成就感的。“和团队一起工作，共同推动品牌的发展”一直都是动力的源泉，“同时，保持良好的状态和不断的学习也是重要的动力。”他和他的团队要付出极大的努力，西莱思也补充说：“我们都体会到了很大的乐趣!”他相信时尚行业的企业家“必须非常灵活并且时刻准备好运转到不同的方向，因为每天都是不同的。”他认为：“保持谦虚也很重要”，因为“只有最后一款才是最好的。”西莱思建议那些希望自己创建品牌的人：“在行动前花4/5的时间用于思考，1/5的时间用于行动，并从中学习。”

Soulland品牌从最初只销售T恤发展成为丹麦顶级男装品牌之一

第十三章　资金

资金方面通常是时尚创业者们最后考虑的问题。然而，最好从一开始就列出与你的业务相关的资金需求。就像 Caroline Charles所说的：“尽量不要把设计和销售过程与资金分离开——越早把它们融入创作过程中，你就会有更多的快乐以及成功的可能。”本章将带领你经过从一开始创业到把它发展成为可持续发展水平过程中你所经历的每一步，包括办公空间、生产、市场营销、办公设备和不可预见等方面的费用。

创业的费用预测

对于新品牌来说，预计创业的费用是很困难的。下面这张表列出了主要的最初开销以及将来很可能遇到的开销。通过对下列内容的研究，你应该能够对每个领域做出很好的估计，包括合理的工资期望，即使开始时你并不能从中领取工资。在资金有限的情况下，你必须对你的开销合理地区分优先级别。

开始阶段的开销

最初开销	持续开销
建立公司	租金或抵押金
法律和会计	公共事业费用
办公室/工作室开销：租金、安全、押金或不动产购买、家具、设备	员工工资/你的工资
调研开销：生产、面料/花边供应商、展览、客户群	生产
旅行	市场销售/销售/广告
市场营销资料：企业名片、信纸、网站等	旅行
第一个样品	保险费用
	税务
	偿还债务
	运营资金

时尚品牌ADAY在最初三年筹集了超过300万美元的资金

赢利预测

赢利预测比花费预测更难。大多数服装品牌在起始阶段都没有资金周转的起点。你不得不根据你所定位的市场进行调研和预估。在最初12个月的销售之后，你就可以根据上一年的数据作为参考进行预测。

在第一个季节中，你可以根据你想要销售的商店数量进行预测。精品店最初的订单金额大致在1000～2000英镑范围内——买家会看产品的销售如何。如果你想销售给繁华商业街的零售商，你会发现他们的订货量很大，每一种货品能达到几百到几千件不等，总共会有几万英镑的收入。

如果你在早期阶段对收入进行预测的话，那么你可以多问问“如果……会怎么样。”如果你只获得预期的一半收入会怎么样？如果只有1/4会怎么样？如果第一个销售季节根本没有收入会怎么样？这些情况从一开始可能就会对你的业务产生重要影响。

尽管你个人的资金可能占全部启动资金的绝大部分，但在第一季节产品的生产过程中，你可能还需要现金投资。尽早地确定你所缺少的资金，这样你就可以在需要的时候，及时和银行对透支额度进行协商。

确认资金来源

仔细研究一下你可以获得资金的来源，并确信你对任何一种贷款的方式和条件都有所了解。确认你的会计对以下几个方面有充分的了解：

- 个人储蓄。
- 朋友和亲属。
- 银行和信用合作社。
- 补助金。
- 天使基金/风险投资企业资金。

个人储蓄

如果创建品牌所需的资金相对来说比较少的话，你可能通过个人储蓄就能应付过来。业务由你自己全权管理，不需要向其他人借款从而让出部分管理权限。显然，不利之处就是既然全部由你出资，你就要自己承担所有的风险。

朋友和亲属

从朋友和亲属那里借钱是一种感性的选择，但是，如果借款条款没有被完全执行或遵从的话，可能会对你们的关系造成不良影响。写下条款，注明钱在什么情况下借出以及什么时候、什么条件下偿还。

银行和信用合作社

如果你能证明你的商业计划是非常合理的，商业银行和信用合作社会提供贷款或者透支款。然而，是否提供货款是由计算机根据你当前的状态进行风险评估后决定的。

理想情况下，贷款应当用于资产购买，如缝纫设备和计算机等，但是作为启动资金和特殊情况的资金数量是受限制的。这通常需要你提供贷款担保。

透支额度通常用于你日常运营的现金流，包括运营资金和持续的开销。开销最好可以通过销售获得的资金来维持，但是如果短期内出现了资金短缺问题，你可以使用透支额作为支撑。

你可以从财政服务权威机构（FAS）对借贷方进行核实。通过www.moneysupermarket.com或www.moneyexpert.com比较一下贷款利率和安全规范。

提示：

大多数贷款方会要求你提供：

和贷款额度匹配的资源。
出现问题的话，有一个备用选择。
提供安全证明——在签署有担保贷款协议前，你应当咨询一下专业意见。
定期告知他们你的近况，尤其是各种改变或问题。
提供详细的商业计划。

补助金

补助金被拨给公司或个人用于特定的目的或项目。只要你遵守补助金拨款的每个规定，你就不需要偿还或放弃公司的股本。但是，拨款金额通常只占总体花费的一部分，因此，你必须对拨款进行合理地使用。拨款用于特定的目的，且需要进行大量的研究调查以及完成很多的文字工作。因此，你需要确定申请拨款所花费的时间代价与拨款总额相比是值得的。

伦敦Business Link网站（www.businesslink.org.uk）提供了关于中央和地方政府以及私人机构对拨款和扶持计划的有关内容。

众筹

众筹是一种为一个项目或新企业筹集资金的做法，通常由大量的人提供资金，且每人提供一个相对较小的数额作为回报（通常是你想要开拓的产品）或股权（成为公司的股东）。有很多提供众筹的网站，其中Kickstarter是创意社区最知名的网站。到目前为止，Kickstarter的众筹活动都是在“全无或全有”的基础上进行的，这就要求你筹集你所投的全部资金，以便保留资助人所承诺的任何一笔资金。

总部位于纽约的时尚品牌VETTA（参考本书第216页）在Kickstarter活动的支持下，于2016年推出了自己的业务，筹集到的资金几乎是最初目标的3倍。联合创始人卡拉·巴特勒特（Cara Bartlrtt）为那些想要自己发起活动的人提供了建议：“有完整的内容可以述说。在发起之前最好是已经有所参与！让它们成为你正在拓展与活动的一部分。希望你能全天候工作（反馈问题，与新闻媒体密切跟进，完善你的人际网络）。从最终目标开始：不要在没有考虑如何实现的情况下承诺某事。不要期望自己从中赚钱（至少不是一开始就这样）。测算一下管理好它需要多长时间。向有经验的人学习。”

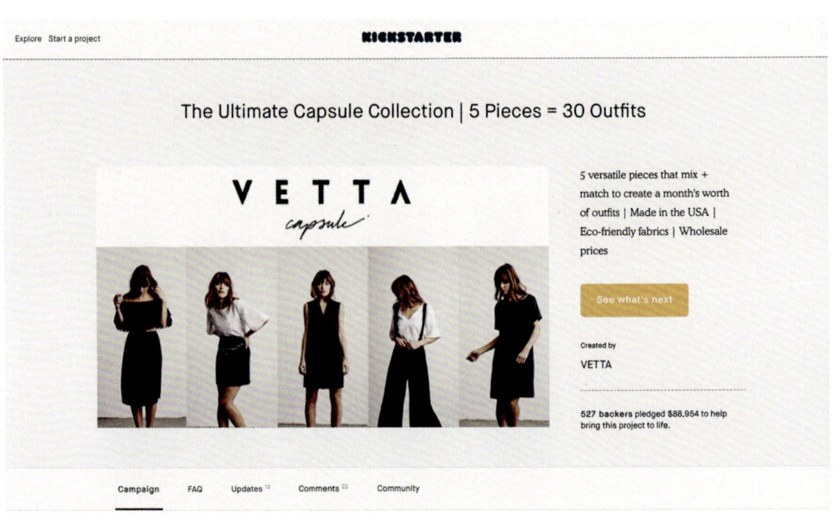

VETTA的众筹是Kickstarter平台上时尚产业的案例之一

The Goods Dept.的创始人与一位天使基金投资人合作，他对创意产业有着丰富的经验，从一开始就帮助他们支付建立第一家商店的费用

天使基金和风险投资企业资金

天使基金是由一些有资金的个人投资者组成的公司，这些投资者平均分摊不多的股权，但承担的风险很高。

他们经常会通过自己的业务专家来多方面地了解行情，以保证他们的投资成功率达到最高。尽管大多数人都喜欢投资给有成功运营记录的公司，但仍有一些人喜欢把他们的资金分散成更小的投资份额，投入新成立但有长远计划的公司。小的服装品牌在开始的时候，一般可以通过打听以及朋友和家人的介绍寻找他们的天使基金。英国天使基金协会网站（www.bbaa.org.uk）提供了相关介绍。

对于更大规模的投资（100万英镑以上），可以寻求风险投资帮助，通常他们要求以等价的股权或部分所有权交换。对于时尚行业来说，由于它并不是一个高投资、回报快的行业，因此寻找风险投资比较困难。

一旦你确定了采用的方式，你必须对资金的使用情况做出规划，这样对你以及你潜在的投资方都有意义。

打造投资品牌的关键因素

伊恩·摩尔（Ian Moore）——国际律师事务所Eversheds Sutherland合伙人；消费者、零售以及品牌技术的顾问；运动服装品牌Dhu的创始人；苏格兰EDGE创业奖前获得者

精炼、重铸、再加工

在业务开发的早期阶段，你需要精炼一下你的想法，并进行有一定强度的检验。向其他人展示你的想法并获得反馈。所谓的再加工，指的是再做一次。在此阶段，最有价值的反馈是倾听你潜在客户们的想法；倾听他们的意见，找出哪些有效哪些无效。

当心市场的缺口

有时，当你考虑到"市场存在一个缺口"时，先不着急填补缺口——这也许是一个特别好的思辨。理想情况是，你需要找到解决问题的目标——这个缺口意味着什么，是商标、品牌本身，还是技术、产品的问题，或者是满足可衡量的需求？

把基本的准备好

要想认真对待一个初创品牌或相关业务，你必须从第一天起就把它们当作一个大的企业来对待，尽管它不一定很大。这就意味着要把一些基础的内容做好。你应该清楚了解整个构造（如何成立一家公司、注册知识产权、了解利润率、准备财务管理策略），但你还必须对你自己的实体了如指掌——你的市场定位是什么以及市场竞争情况如何？互联网时代，除了全球化，没有别的选择，这个道理从第一天起你就应该了解。

顾问指导

要想对已打造好的业务网络寻求更好的发展支撑，比较好的方式是寻找一位顾问、教练、导师或者知己。然而，这也需要你做出明智的选择。你需要寻找一位在商战中有类似你所打造的品牌特色经验的顾问——例如对于你这种小本经营有着实战经验的指导顾问。

把握与坚持

在建立品牌的一些方法上保持灵活度是非常重要的。有时你需要好好把控一下——也许你要从根本上改变你对某一特定事物的态度；而有时你需要坚持己见。

所有关键的决策都希望你能够客观对待；用基于事实、可测量、可量化的信息来分析你的选择。根据个人感受和情绪做出的主观判断决策是非常危险的。

瞄准对策

确保投入稳健，你需要做到有条不紊——如同枪在出击时的瞄准对策。如果品牌理念与本质还不错，不要过于冷淡也不要兜太多的圈子。你需要很清楚你的投资，而接下来是找到较好的指引。看看你的联系档案以及有关联的信息手册是否可以找到帮你瞄准并指引你的人。业务往来是基于一些有关联性的人或事，当然也可以从中获得回报。

人脉

对于早期构建并进行投入的元素中最为重要的部分就是人，特别是创始人和管理团队。他们应该具备一定的技能、经验、驱动力以及坚毅的能力。不要低估你在这一阶段的投入，简单地说，人脉具备了，你们的价值体现也就形成了。

守住底线

黄金法则？不要太廉价地放弃股权。这意味着限制你在早期投资阶段放弃的股权数量在10%～25%。是的，你应该有灵活性，愿意与潜在的投资者一起接受其他选择，但不要牺牲你的长期目标。你需要表现出诚实、耐心和决心。

品牌Bathing Ape努力拓展并保持该品牌特有的形象，赢得了顾客的信赖。同样，你也需要发展和维护你和投资者之间的良好关系

提交切实可行的计划

你提交的商业计划必须简明扼要，尽可能清楚地描述出你想要做什么，包括公司的类型和特性、个人投资的预计目标、时间表、财务目标、竞争对手分析以及你的公司如何适应市场。它应当具备足够的严密性，并能够让投资方确信你和你的公司是一个很好的投资项目。有许多组织机构能够为你提供撰写商业计划的建议，并且一般通过本地业务联系就能够帮助你。你可以问问他们是否认识时尚行业相关的专家。

商业计划要素

---

1. 封面

2. 目的陈述

3. 内容

Ⅰ. 业务

业务描述。
市场营销。
竞争。
运营程序。
员工。
商业保险。
SWOT分析（参考本书第112页）。

Ⅱ. 财务数据

货款使用。
资本设备和货物清单。
资产负债表。
收支平衡分析。
盈亏分析——详细到月，包括前三年的数据（以什么规划为前提——通货膨胀、发展、汇率）。
每个月的现金流。

Ⅲ. 辅助文档

最后三年的资本税金返现。
个人资金证明（所有银行都有这些表格）。
租金或购买办公空间的文件复印件。
执照和其他法律文件的复印件。
资产凭证复印件。
供应意向信件复印件等。

准备商业计划的主要因素

===

- # *通过网络查找商业计划模板。*
- # *列出你如何处理逆境的策略。*
- # *列出你团队的优势与弱点。*
- # *列出至少一年的每个月的现金流计划。*
- # *整理商业计划。*
- # *把你的商业计划交给相关领域的专家，并倾听他们的建议。*
- # *业务开始之后，根据实际情况不断地更新你的商业计划，但要保留最初的版本，并列出改变的原因。*

===

填补空白

现金流计划既表明了公司的发展能力，又包含了偿还贷款的能力。记录实际的数据并保留备份，通过你的预计和计划中的数据进行验证。让你的会计仔细地查看这些数据，且必须能够向每个贷款方解释清楚这些数据的意义，以及没有实现预定目标的结果如何。

通过实践得以完善

为了获得启动资金，你必须抓住要点对你的思路进行阐述。通过与那些能够提供反馈意见的人畅谈，想想你的思路和实践是否有缺陷。你必须对关于经营理念的各种问题进行准备，包括产品、价格、市场和个人背景。

思考、思考、还是思考

借钱是很重要的一步。准备好所有的文件与相关信息，包括针对潜在贷款人申请借贷的流程信息以及贷款期待表述信息等。和你亲朋好友谈论一下他们的借贷人情况和申请信息等，让你的会计也一同参加这些讨论。

争取获得投资注意事项

热情

表达对你的公司的热情。如果你想让他们记住你，请尽力让他们产生共鸣。

尽量简短

坚持这个原则。不要一下子给他们灌输过多的信息。

吸引听众

提出问题和激发讨论，提出投资者们感兴趣的或者过去的投资经历来阐述你的问题。

避免模板化

对你的计划进行调整，以符合你的公司以及投资者的要求。

真诚

尽量采用真诚的方式来打动投资者。

清晰、详尽和简洁

保持语言简洁，避免使用难以理解的话。介绍一下你公司的特点、产品、客户和你想要填补什么市场空白以及如何去实现。介绍一下你的团队、相关的资格以及将扮演的角色。概述一下你的商业模式、未来五年的资金计划、需求以及里程碑事件。

实事求是

描绘你对你的商业计划的雄心，但不要不切实际。投资者想要知道你是否了解市场和实际情况。

掌控谈话

记住投资是相互的关系。就像你寻找合适的投资方一样，他们也在寻找合适的投资项目。自信一些，并掌控谈话。

做好准备

你必须对你的计划和团队的能力进行全方位了解以备阐述。

找个好会计

好会计能够为你节省很多资金，而且费用也不太贵。

使用国家数据库，例如，英格兰和威尔士特许会计师协会（icaew.com）、特许管理会计师协会（cimaglobal.com）、特许注册会计师协会（accaglobal.com）编制的数据库。

寻找合适会计师的技巧

马克·诺登（Mark Norden）——诺登会计师事务所（Nordens.co.uk）高级合伙人

向业界受尊敬的资深人士请教、寻求建议并给予推荐。在与这些推荐人直接交流时，留意以下5个建议：

1. 找寻一位适合时尚产业且有这方面经验的会计师。这是一个被分得很细微的市场，付费让他们了解这个行业是不明智的。

2. 虽然规模越大并不总是越好，但要确保会计事务所有一个能全面支持你的团队。如果你的会计师长期不在，事情会变得很糟糕。

3. 你的会计师应该具备在构建一个公司时需要拥有的经验，对于云基础的记账管理要有所了解。这对向税务机关提供符合税务数字（MTD）要求的信息非常重要，但前提是能够更好地管理和掌控你的整体业务。

4. 有效管理税务是很重要的，然而理想情况下，会计师们所提供的不仅仅是一些传统的建议。例如，诺登公司专门提供战略业务支持和常规会计服务。

5. 一旦你对前面四点感到满意，也需要确定与你一起合作共事的人也是你乐意在一起的人。人生苦短，不要勉为其难！

如何计算成本？

如果你想要获得利润，首先你必须正确地计算出成本。尽管许多公司都很擅长计算直接成本（如面料），但像其他部分（线、拉链、配饰、商标、运费等）的成本就不行了。

一些设计师通常是在加上利润之前，简单地把最终产品的成本增加30%～40%作为企业的管理费用，这也叫作间接成本。这种方式虽然很简单，但是对于控制成本来说却很难。

有一款用于计算产品确凿成本的工具叫产品成本电子表格（参考本书第213页），非常有用。电子表格的标题根据你的产品来确定，但是这个模板表明了你应该把哪些计算到成本中。大部分成本都很明了，但是其他成本也得在销售前计算出来。例如，你花了160英镑用于服装的纸样和改良，假定你只想销售一件产品的话，那么你就需要把160英镑计入成本中。然而，如果你认为你能够销售20件，那么此项费用计入每件服装的成本将是160英镑÷20＝8英镑。如果你在整个季节中都反复地使用这一纸样的话，实际上分摊到每件服装的成本可能很少。

通过使用电子表格，你能很快地计算出产品的批发和零售价格点。这取决于你想要提价多少。一般来说，设计师通常提价2～3倍，也就是100%～200%。如果提价3倍的话，几乎1/3是成本花费，另1/3是企业管理费用，最后的1/3就是利润了。

然而，许多设计师都是首先确定他们的产品零售价格是多少，然后除以零售提价而得到批发价格的。如果你想要以270英镑的零售价格销售一件服装的话，除以提供给设计师精品店的提价2.7（英国标准零售值），那么你得到的100英镑就是你产品的批发价格了。如果你决定以成本的2.5倍提价批发的话，那么你就能够算出你必须以40英镑的成本价生产服装。

此时， Cost of Goods电子表格就能大显身手了。如果服装的生产成本是45英镑，你可以从电子表格中查看成本的每个部分，并分析哪部分成本太高以及你需要替换掉什么设计元素。如果你决定减少提价，你也可以通过电子表单确认你的公司是否能够处理这种收入的损失。

相反，如果服装是以36英镑的成本生产的话，你的提价可以接近2.8英镑，并且能够获得更多的利润。

向买家询问，他们在确定零售价格时，通常采用的提价是多少。为了确保你的产品在每个地方的售价都相同，提供一个建议零售价格是个不错的主意。

提价率和利润率

提价率和利润率是计算收益的不同方式，而且很容易让人混淆。提价率就是销售价格与成本价格的百分比。如果一个产品的提价达到150%，成本为50英镑，那么就意味着销售价格为125英镑。提价率的计算为2.5（125÷50=2.5）。

利润率是利润和最终售价的百分比。如果你销售的产品价格是150英镑，成本为50英镑，你的利润率就是66%[（150-50）÷150×100=66%]。注意，销售价格的利润率为50%，会比销售价格的提价率50%获得更高的利润（看看包装箱的后边）。例如，如果一件毛衣以100英镑（利润率为50%）的价格销售的话，它的成本是50英镑。如果同样的毛衣的提价率为50%，那么它的零售价格为75英镑，比相同利润率少了25英镑的收益。

用这种方式计算出来的任何一种利润都叫毛利润。你还需要减去你的企业管理费用（不动产税、固定成本、公司税、工资等，这些叫作非直接成本），此时得到的才是你的净利润。

你可能会发现，对不同的产品确定不同的提价会更灵活一些。如果你正销售男士和女士牛仔裤的话，你可能发现女式产品系列的提价上限是成本的2倍（也就是100%），但是男式产品的提价上限可以是成本的3.5倍（250%）。慢慢你就能够更好地了解市场价值，并实现整体盈利最大化。

计算利润率的关键因素

你常常需要计算利润率。你可以根据成本价格计算销售价格，或者是以特定的销售价格计算能获得什么样的利润率。

根据成本价格计算销售价格

给定成本价格和一定的利润率，计算销售价格的公式为：

销售价格＝成本价格÷[（100–利润率）÷100]

因此，以利润率70%、成本30英镑为基础，计算一条牛仔裤的销售价格就是：30÷[（100–70）÷100]＝100英镑。

你也可以用以下方式简化计算：

25%利润率＝成本价格÷0.75

40%利润率＝成本价格÷0.6

50%利润率＝成本价格÷0.5

70%利润率＝成本价格÷0.3

根据成本和销售价格计算利润率

有时你知道生产成本和销售价格，需要计算利润率是多少。计算公式为：

利润率=[1–（成本÷销售价格）]×100

对于销售价格为100英镑、成本为30英镑的牛仔裤的利润率的计算为：[1–（30÷100）]×100=70%。

你也可以用下面的公式进行简化：

如果成本÷销售价格是0.6，利润率为40%

如果成本÷销售价格是0.5，利润率为50%

如果成本÷销售价格是0.3，利润率为70%

如果成本÷销售价格是0.25，利润率为75%

毛利润

毛利润就是销售收入减去生产成本。

毛利润＝销售价格–直接成本

如果直接成本为50英镑，提价为2.2，那么销售价格为110英镑，毛利润为60英镑。如果以110英镑的价格销售了1000件产品，那么销售额就是110000英镑。然而，减去原始成本50英镑（1000×50＝50000英镑），得到的毛利润为60000英镑。

净利润

净利润就是从毛利润中减去所有的间接成本剩下的钱。

净利润＝毛利润–间接成本

如果上例的间接成本为55000英镑，那么毛利润为60000英镑，因此净利润就是5000英镑。净利润就是你（如果你是专营商）能够把这笔钱重新投入公司的金额，如果是有限公司的话，还需要减去公司税。

账目管理

尽管短期内没有销售或利润，公司仍然能够维持生存，但是没有现金的话，公司就不能运作了。你必须留意资金账目，并监视现金的流入和流出。

为了获得利润，你通常需要在收到款项前把货发送给客户。如果在客户付款前你没有足够的可用于支配的资金付给供应商和员工的话，你就不可能发货并创造利润。

为了交易的效率和业务的发展，你必须有一定的现金储备，以确保你的账户中现金流入和流出的时机能够让你处于有利的位置。

现金流

现金是你定期的、经常的付款能力。

你的现金包括：*硬币和纸币，通存账户和短期存款，银行透支额和短期贷款，外汇和能够快速转为现金的抵押物。*

你的现金不包括：*长期存款，长期借款，供应商的欠款（但包括任何利息成本），客户欠款，股票。*

现金流预测

现金流预测一般是对下一季度或下一年以月为单位进行预测，包括流入现金（从什么地方来）以及流出现金（到哪去）。其主要针对收据、付款、超出付款的余额（标记为负数）、开户行结余、销户结余。另外，合理地计算并预测下一年度的销售潜在增长很重要。可以通过前12个月的销售收入乘以预测的下一年的经济增长进行计算。

记账

法律规定你必须对资金进行记录，并保存6年的时间。你的记录必须准确并定期更新，如果不能够为你缴纳的增值税（如果你完成了注册）或企业纳税申报提供详细信息的话，你将会受到处罚。你必须记录的两个重要的内容是：

1. 收据和支出。
2. 购买的货物和销售的货物。

有效记账的关键因素

你应当做什么	*什么时候（推荐的最小时间周期）*
在销售底账中记录销售	*每月固定的一个时间*
在销售底账中记录收到的付款	*每月固定的一个时间*
在销售底账中记录购买信息	*每月固定的一个时间*
在销售底账中记录付款信息	*每月固定的一个时间*
销售底账和购买底账的核对	*每月*
追缴欠款	*只要付款期限到期*
根据银行账目检查现金账簿，并根据现金账簿核对销售和购买底账	*每次收到银行账目*

资料来源：Business Link（www.businesslink.org.uk）。

目前，大多数新成立的公司都用计算机记账，当然纸质账簿也是合法的。最重要的是账目的准确性和及时性。如果你认为这是比较复杂的领域，可以通过下列方式获取帮助：

1. 有现成的软件包为你提供记账的框架。当你建立银行账号的时候，可能会包含一款类似的软件。但是，你可能最后花钱购买了产品，却仍不会使用。最流行的两款软件是SAGE和微软的Microsoft Office Accounting Professional。Business Link网站提供了软件的预览。

2. 你的会计可能会提供记账服务。你提交的记录描述越好，记账的时间就越少，从而为你节省资金。会计已有用于记账的软件，所以没有必要再花钱购买新的软件了。

3. 独立的记账人员。优秀记账人员的薪水为每小时12英镑以上，如果你的收据保存得很好的话，每次需要的时间不会超过2小时。你可以通过查当地企业名录、网络广告或者本地其他公司的推荐来了解相关服务。

4. 许多政府资助的小公司都会提供免费的上门记账服务，帮助你建立基本的记账单，并会教你哪些信息是必须输入的以及输入的时间。你可以通过当地的商业办事处了解一下。

增值税（VAT）

这是在整个欧盟成员中对销售和服务收费收取的税（不同成员国的叫法可能不同）。每个成员国收取的税率也不相同，在英国的标准税率为17.5%。对于新成立的公司，直到你的营业额超出了税务及海关总署（HMRC）规定的水平才需要登记纳税（参考www.hmrc.gov.uk）。一旦你达到了这个限制，你就有法律义务进行登记并根据你的销售情况进行纳税。规定要求每个季度缴纳一次。目前，对于小公司的缴纳方案进行了以下内容的简化：

年度账户方案：基于你对于每年增值税的估计，按月或季度缴纳一次。在年终的时候，对超出的/少缴的部分进行调整。

现金账号方案：这种方案就是只有在你的客户付款给你的时候，你才需要向税务及海关总署纳税。

统一费用方案：这种方案是根据你的营业额的百分比进行计算。百分比是由你从事的行业领域而决定的。

增加每一天的现金流

对于任何一个小公司来讲，现金流都需要谨慎对待，尤其是时尚行业（特别是你的业务一年中只有两次批发时期）。下面列出了一些可以改善现金流的方法。（参考本书第190页中所介绍的增加现金流的重要方法）。

让客户尽快付款

大多数精品店、独立经营商店和百货公司都期望能够有一定的信用，等收到货物后再付款。这就意味着你能够预计到每年只有2次得到汇款的机会，这种情况非常糟糕。你可以根据订单请求他们先预付抵押金。抵押金的金额应当能够满足产品生产以及买家破产或中途拒绝付款带来的损失。你也可以在货物准备发送的时候请求买家预付剩下的款项，也就是说，一旦货物准备完成等待发货的时候，客户就需要尽快付款——一旦货款结清，可以马上发货。即使客户不愿预付所有的钱款，你也应当要求他们预付剩余货款的50%，给他们一个30天的信用周期以结清剩余的货款。

使用代理商

当你把货物发送给进货商的时候，也要同时把每个客户的发票发送给代理商，他们会预付发票金额的80%或90%给你。客户把货款直接付给代理商后，代理商会减去他们的代理费用，把剩余的货款支付给你。你的客户会收到代理商给他们的发票以及付款说明的信件。最少可能只需要24小时你就能收到货款了。

代理商根据发票货款的0.6%～3.0%的服务费以及预付款的利息费用进行收费。服务费根据你全年的营业额、发票货款和客户数量而定。利息费用和正常的担保条件下，银行透支额相当。

代理商提供了多种服务。最常见的是：追索权代理，你仍然承担坏账的风险；无追索权代理，由代理商承担坏账的风险。他们会为承担的风险收取信用保险，通常是你营业额的0.3%～0.7%，这是由你客户的风险以及代理的数量决定的。目前，大多数代理商都提供了网站账户查看服务。

你可以在资产金融协会的网站（ww.abfa.org.uk）上找到代理商列表或者从 Simply Business 网站（www. simplybusiness.co.uk）上找到不同代理商的报价进行比较。

使用点对点货款站点

与使用代理商相似，如Investly（investly.com）等金融科创公司通过与个人投资者建立联系，来帮助那些有急用的公司。通常Investly会根据所需贷款的价值，收取按每30天发票1.5%～3.1%的一次性费用。Investly的联合创始人卢斯・张伯伦（Ruth Chanberlain）解释说：

“财政中针对小企业的融资一般不太容易，特别是一些比较年轻的时尚企业，一般和零售商有付款周期签约合同，导致需要等待30天、60天或者是90天才能得到付款，这确实会打击公司的运营成本而阻碍了公司的发展。在这种情况下，时尚企业通常会寻求贷款或者透支，有时这也是不错的办法，但还有另外一种方式——把发票作为一种资产来获得资金。在Investly，我们通过让企业上传发票，在24小时之内收到资金。与贷款不同的是，它不需要长期的承诺与合同，只需支付一笔费用就可以获得低成本的资金。这可以帮助时尚企业顺利度过季节性高峰时资金紧缺的时段，他们一年到头在需要的时候进行这方面的资金运转，有信心专注于发展业务，而不会为此感到焦虑。”

请求供应商延长信用期限

大多数公司都希望和他们的客户建立长期关系，也就是说，你也可以向你的供应商申请延长信用期限。这就意味着建立一个账户，在付款日期截止前，你有30天的宽限期，这对你的现金流有很大的帮助。

协商分批发货

对于某个供应商来说，是否能够安排分批发货是非常重要的。你可能会遇到有一批商店要求在1月中旬发送春/夏季节的货物，而其他的商店可能希望在2月底发货的情况。同供应商协商分期发货，这就让你可以先对需要在1月发货的货物进行付款；30天后再对剩下的订单进行付款。

增加借款，或投入更多的钱

只有在处理收入短期低迷或符合商业计划的扩展投资时，你才可以考虑这种选择。它不应该成为你现金流构成的一部分。

增加现金流的主要方法

- *尽快发出发票并定期追要欠款。*
- *考虑你对延迟付款行使收取惩罚利息的权利。*
- *考虑对立即付款提供折扣优惠（对于大型百货商店来说，他们常会对及时付款请求一定的折扣）。*
- *在缴纳增值税周期的末期购买大宗货物，能大幅增加你的现金流——并且能够弥补临时的现金短缺问题。*
- *在为一个新的店铺供货时，向其他品牌咨询一下他们的信用度，根据他们是什么类型的买家来确定你提供什么样的付款方式。*
- *确认发货及时、符合要求以及保证货物质量，以避免任何延误或收入上的损失。*
- *有效地定位新客户，以实现收入最大化及开销最小化。*
- *确认你的供应商没有对你要价过高，并能够按时发货，保证质量。*

对于一个小型服装企业来说，良好的现金流的关键就是运用创意思维制订企业的财务框架与结构。以动态的思维随时关注如同转瞬即逝的时尚潮流般的财政形势，不断地监控资金情况。尽可能多地得到和别人讨论节省资金的机会。

产品成本电子表格

季节：	款号：
	款名：

单品	描述	每米成本	量度	成本
面料 1				
面料 2				
面料 3				
衬里				
黏合衬				
其他				
折扣				
			小计	

配料	描述	单位成本	数量	成本
纽扣				
拉链				
线				
标签				
装饰 1				
装饰 2				
			小计	

劳动力		成本
机械师		
样板		
放码		
缝纫		
	小计	

运输		成本
包装袋 / 箱		
挂架		
吊牌		
其他		
	小计	

货物销售总成本	
批发提价	
批发价格	
零售提价	
推荐零售价格	

案例分析：卡若琳·查莱斯（Caroline Charles）

自20世纪60年代开始创建品牌至今，卡若琳·查莱斯（Caroline Charles）已经成为英国女装时尚设计师的领军人物。过去的几十年里，她在全球建立了Caroline Charles品牌，其产品以现代、简练、实用、持久以及无年龄差的设计风格为主，面向不同的客户群，包括工作忙碌、爱好旅行、热衷于参加社交活动这三个方面。卡若琳的客户包括了电影明星和经常参加社交活动的杰出人物，她被认为是英国时尚产业的前沿人物，2002年，该品牌获得了英国帝国勋章（OBE）。

自从建立品牌的核心理念之后，卡若琳的远见与创意始终稳定不变。她坚信自己的风格，并对产品的生产、展示以及销售中的每个细节力求完美。在“极大动力的推动下”，她亲自处理诸多方面的业务，并以“拥有伦敦最优秀的团队”作为后盾而自豪。

卡若琳在每个季节都会推出三个系列的产品，这些作品证明了她对纺织、裁剪和装饰精加工的热爱。她在伦敦的产品主要致力于典礼、聚会和演出场合，并开始向牛仔系列、绒面革、刺绣品、T恤、针织衫、裙子和衬衫转移。同时，她的工作室也提供少量的、高档面料制作的晚装，但大多通过手工刺绣以及珠串装饰完成。

卡若琳·查莱斯的客户可以感受到每个系列的不同，她通过使用特殊的面料、质地、制造手法、刺绣、珠串镶饰和新颖度来保持产品的特点和卖点。

尽管她的产品在全世界主要的精品店、商店等有售，但是卡若琳还是希望自己来销售：“在自己的空间里，你可以通过服装的最佳部位在陈列时进行装饰与点缀，但通过销售商就不一样了，他们会根据他们自己的风格来进行。”20世纪70年代，卡若琳·查莱斯开办了第一家零售店，地点位于伦敦的中心位置——骑士桥的波尚购物广场，之后一直采用这种成功的零售策略来发展她的业务。

她说：“当你感觉客户会接受的时候，就是开始零售的时刻了；为了成功地开发产品，你应当提供根据客户需求进行设计且吸引他们的东西——考虑一下色彩、场合、旅行、天气等因素。”

卡若琳·查莱斯在很多地方都开设了店铺，但她一直尽力做到“如果预算允许的话，希望能做大面积的推广”，并说：“尽可能与类似产品在价格上不要相去甚远也是很重要的”。作为零售的前提条件，卡若琳认为最好的租约期限是25年，协议毁约时间应该是1年、2年和5年，并且她与很多出租方进行了协商。“如果你选择的地点不太妙，协议毁约就给了你重新寻找的机会。”有时“协商按照营业额定租金非常有效，如两年内按照年营业额的10%付租金，然后根据这些数据与出租方协商一个固定的数量。”

卡若琳认为找到合适的雇员管理店面和产品同样重要。“雇佣那些喜欢做销售、待人友好、乐于助人的人。一般的店主都喜欢装饰店面，每周都对商品进行轮换，包括橱窗展示的服装。”她还提到为客户服务的方式很重要，店员应当是心思缜密的。在这点上她对雇员的着装提出了要求——好的着装对品牌形象的促进意义非凡，需要认真对待。

卡若琳相信：“根据你的预算制定销售目标以及目标的年增长率很重要。”她认为零售策略成功的一个关键要素就是：“好的公关以及联络清单”，“这样会提醒人们你还在为他们提供优良的服务。”

卡若琳·查莱斯是英国顶级时装设计师之一，在过去的50年成功创建了自己的品牌，非常看重自己的零售方式

案例分析：VETTA

来自美国加州的卡拉·巴特利特（Cara Bartlett）从纽约帕森斯设计学院的时尚市场营销专业毕业以后，成为Saks Fifth Avenue和Rue La La的时尚买手。由于其热爱有意义的时尚，并努力找寻这一类既有风尚又比较实在的设计，之后她决定开创自己的品牌，专注于社会责任感和环境保护等方面的设计实践与应用。2016年，她和她最好的朋友——也是有时时尚设计背景的凡妮莎·范·兹尔（Vanessa van Zyl）共同开创了VETTA。

VETTA通过五款胶囊系列打造出满足一个月穿着需求的服装设计。她们将设计带到了Factory 45，这是美国一个针对可持续性设计的在线加速器项目，将绿色环保的理念带入真实的服装产品开发中来。该项目与这些公司一起致力于发起Kickstarter众筹活动，这样能使品牌完成第一批服装生产的最低定量单，通过自己的电子商务平台直接售卖给消费者。

在还没有新产品筹款发起之前，卡拉和凡妮莎认为创建一个与可持续性设计发展理念有关的社区尤为重要。之后，她们开创了这五款胶囊系列——也被认为是值得跟进的设计系列。她们在纽约的市中心和后来的洛杉矶找到了她们值得信赖的供应商和工厂，并投资于高质量的图片以及视频制作，同时仔细磨砺她们的创意理念。她们邀请朋友们一起参与并进行在线活动交流，“社交媒体对于品牌的成长功不可没，通过在线形式让很多人参与到我们的品牌中来。应该说Instagram社交媒体中视觉媒介以及每日那么多活跃的用户们，对品牌的影响是最大的。”

她们在Kickstarter上发起了一项活动，预备筹集3万美金用于可持续时尚这一理念的图片和视频制作，并附上了10个承诺选项。应该说“反响是惊人的”，在短短的几天之内就达到了筹款额度；在筹款结束之日，她们已经从527名支持者那里筹集到88954美元。卡拉建议：“如果你希望在Kickstarter上成功做活动，一定要有新意，并且是很多人没有见过的方案。”

VETTA的产品价格从89美元到159美元不等，她们承认“在美国生产制造有绿色生态环保材料的服装成本是比较高的。”为达到这一目标，她们采取了一种直接面对消费者的方式，以减少在店面和其他需要弥补方面的开销，运营电子商务平台来开展业务是焦点。“我们的营销重点是建立我们的电子邮件列表和社交媒体跟踪器。我们很少做付费营销和公关。在开始阶段，我们比较关注的是在Kickstarter上的活动，随后的有*Vogue*的*Who What Wear*，ABC时尚新闻以及《华尔街日报》等。我们认为通过网络满足消费者的胃口以及让他们口碑相传给其他用户的效果是蛮不错的，而且也是长期有效的，比一些普通的公关效果还要好。”

VETTA品牌对于传统的季节性品类分配有自己的观点。她们比较关注“高峰时刻顾客购买营销”，“我们会模糊季节性的穿着而变得更灵活，比较关注的是你怎么穿以及如何搭配着来穿。”她们是一种即看即买的时尚业务形式，“我们带给消费者的就是他们现在需要的东西，而不是要提前数月准备的东西。”

VETTA的核心价值观是比较明朗的：“记住为什么。我们这样做是为了那些被公司以及个人贪婪剥削的服装工人，也是为了那些因快时尚造成污染所蹂躏的社区；我们希望带来一种比较好的方式，希望让更多的人以及消费者接触和理解可持续时尚设计；同时我们还希望社会公众在真正了解我们服装生产过程后，再来看待我们对时尚产品的态度，并产生积极而正面的反响。”

VETTA的产品在美国采用可持续性的面料进行生产。

摄影师：特弗勒·霍尼（Tever Hoehne）

建议阅读资料和网络资源（Suggested Reading and Resources）

图书（Books）

Department Store Yearbook 2017 (Media One Communications Ltd), http://flickread.com/edition/DS-YEARBOOK
Essential guide for department store buyers. Directory of suppliers by type of goods, clothing, shoes, etc. Also lists associations and events/exhibitions.

Fashion Buying by Helen Goworek (Blackwell Publishing, second edition 2007)
This book describes the buying cycle, buying for stores and mail order and how to start a career in fashion buying. A glossary of buying terminology, as well as input from fashion buyers currently working for major companies, gives a clear insight into this exciting and challenging role.

Fashion Buying: From Trend Forecasting to Shop Floor by Dimitri Koumbis and David Shaw (Bloomsbury Visual Arts, second edition 2017)
An in-depth look at the role of the fashion buyer.

The Fashion Designer Survival Guide: Start and Run Your Own Fashion Business by Mary Gehlhar (Kaplan Publishing, revised edition 2008)
Provides the necessary tools to get a fashion line or label up and moving on the right track.

Fashion Entrepreneur: Starting Your Own Fashion Business by Sandra Burke (Burke Publishing, second edition 2013)
This book outlines the techniques fashion designers use to set up small businesses. The topics include creativity and innovation, writing business plans, raising finance, sales and marketing, and the small-business management skills needed to run a creative company on a day-to-day basis.

Fashion Merchandising: Principles and Practice by James Clark (Palgrave, 2015)
An in-depth look at merchandising and the supply chain.

Fashion Trend Forecasting by Gwyneth Holland and Rae Jones (Laurence King Publishing, 2017)
An insider guide to the art of predicting trends.

Marketing Fashion: Strategy, Branding and Promotion by Harriet Posner (Laurence King Publishing, 2015)
Covers all facets of marketing and branding for the fashion business.

Mastering Fashion Buying and Merchandising Management by Tim Jackson and David Shaw (Palgrave Macmillan, 2001)
Covers fashion design, merchandise planning, sources and supply chain management.

Promoting Fashion by Barbara Graham and Caline Anouti (Laurence King Publishing, 2018)
A guide to every aspect of promoting your fashion business.

Fashion industry directories and market research studies can be found at the British Library.

网站（Websites）

British Fashion Council
www.britishfashioncouncil.co.uk

Business of Fashion
www.businessoffashion.com

Business Link for London
businesslink.org.uk

Centre for Fashion Enterprise
www.fashion-enterprise.com

Intellectual Property Office
www.ipo.gov.uk

London Fashion Week
www.londonfashionweek.co.uk

UK Business Angels Association
ukbbaa.org.uk

UK Fashion & Textile Association
www.ukft.org

主要时装贸易展（Key Fashion Trade Shows）

Heimtextil, Frankfurt (Materials)
heimtextil.messefrankfurt.com

Lineapelle, Milan (Leather)
www.lineapelle-fair.it

Modem
www.modemonline.com/

Pitti Uomo, Florence (Menswear)
www.pittimmagine.com

Première Classe, Paris (Accessories)
www.premiere-classe.com

Première Vision, Paris (Textiles)
www.premierevision.com

Premium Exhibitions
www.premiumexhibitions.com

Texworld Paris
https://texworld-paris.fr.messefrankfurt.com/paris/en.html

数据分析（Data Analysts）

Doneger group
www.doneger.com/
Merchandising and business services for fashion.

EDITED
edited.com/
Retail analyst.

WGSN
www.wgsn.com/en/

词汇表（Glossary）

agent – person authorized to act on your behalf in selling your product.

bespoke – individually or custom made.
block – primary pattern used time and again, allowing designers to modify key silhouettes.
boutique – small shopping outlet specializing in elite and fashionable items.
buyer – person responsible for purchasing your product from you in order to sell on to the consumer.

C&F – cost and freight, a trading term to denote that the price of goods includes the main freight to a named port of destination. Also CFR.
call sheet – list of contact details of all the team members working on a shoot or catwalk show.
cash flow – measure of a company's financial health.
cash flow forecast – an estimate of a company's inflows and outflows of money measured over a specific period of time.
catwalk – where models parade the latest collections.
chain store – one of a number of retail stores under the same ownership and dealing in the same merchandise.
CIF – cost, insurance and freight paid to a point of destination and included in the price quoted.
CMS – content management system.
CMT – manufacturing terminology for cut, make, trim.
COD – cash on delivery. A transaction in which goods are paid for in full, in cash or by certified cheque, when they are delivered.
cognitive dissonance – anxiety resulting from inconsistency between one's beliefs and one's actions. Often occurs after the purchase of an expensive item.
comparative shopping – researching current products on the market offered by competitors.
co-creation – when brands and consumers work together to develop new ideas, products and services. Brands tend to lead the product innovation process, but customers have a seat at the table.
co-operative – a business owned and controlled equally by the people who use its services or who work at it.
copyright – exclusive legal right to reproduce, publish, sell or distribute artistic work.
cottage industry – business or industry in which goods are produced primarily in the home of the producer.
creative director – person responsible for developing and maintaining the overall image of the business.
crowdfunding – funding a project by raising small amounts of money from a large number of people, typically online.
cutting ticket – exact details for an order set for production, otherwise known as the production run.

department store – large retail store offering a variety of merchandise and services.
digital workflow – processing digital images in a format suitable for print or web use.
discount store – store that sells merchandise at a discount from the manufacturer's suggested retail price.
display ad – advertising on websites, apps or social media via banners or other formats made of images, text, audio and video.
distribution – supply and delivery of fashion goods to warehouses, shops and other outlets.
docket – another term for cutting ticket.
domain name – name that identifies a website.
drop shipping – a business model whereby a retailer does not keep goods in stock but instead transfers a customer's order and shipment details to either the brand, manufacturer, another retailer, or a wholesaler, who then ships the goods directly to the customer.

eco fashion – fashion designed to be environmentally friendly.
e-commerce – buying and selling via the internet.
editorial shoot – photographic spread or spreads that tell a story and create an atmosphere.
employers' liability insurance – compulsory insurance policy for employers, protecting employees if they are injured or become ill as a result of their work.
entrepreneur – person that starts a new business venture.
equity stake – the proportion of a business owned by shareholders.
e-tailer – a retailer selling online.
exchange of letters – an agreement or understanding between two parties.
exclusivity – one party grants another party sole rights with regard to a particular business function.
ex-factory – shipping term meaning that the seller owns goods until they are picked up from the factory, at which point they are the buyer's responsibility.

factor – third party who provides the seller with cash by purchasing, or taking a lien against, the accounts receivable or inventories of the seller.

fashion cupboard – where fashion magazines organize and store garments called in for photographing.
fash-tech – the intersection of fashion and technology, including wearable technology, new methods of creating clothing such as 3D printing, and production of 'smart fabrics' or e-textiles.
fast fashion – quick manufacturing at lower prices for the high street, in response to designer trends as they emerge.
fintech – computer programs and other technology used to support or enable banking and financial services.
fit model – model with standard proportions who tries on samples to get fit right.
FOB – free on board. A shipping term indicating that the supplier pays the shipping costs (and usually also the insurance costs) from the point of manufacture to a specified destination, at which point the buyer takes responsibility.
font – a specific typeface in a specific point size and style.
franchise – right to market a product or provide a service as granted by a manufacturer or company.
full package manufacturing – when a manufacturer provides all elements including patterns, fabric, cut, make and all trims.

gross profit – profit before overheads (fixed operating expenses) have been deducted.

haute couture – clothes made exclusively for private clients.
high end – expensive designs below haute couture level, often produced in limited numbers.

indirect cost – cost not directly attributable to the manufacturing of a product, also known as an overhead.
influencer – an individual who has the power to affect purchase decisions of others because of his/her authority, knowledge, position or relationship with his/her audience.
invoice – bill issued by the provider of products and/or services to a customer.

joint venture – entity formed between two or more parties to undertake economic activity together.

landed price – the total cost of a landed shipment including purchase price, freight, insurance and other costs up to the port of destination. In some instances, it may include customs duties and other taxes levied on the shipment.
LDP – landed duty paid, the price of goods including insurance, freight and all duties.
lead time – time taken for supplier to make goods available.
letter of credit – document issued by a bank on the instruction of a buyer, authorizing a seller to draw a sum of money under specified terms, usually the receipt by the bank of certain documents within a given time.
licensing – permission to use intellectual property rights, such as trademarks, patents or technology, under defined conditions.
line sheet – selling tool showing sketches of product with pricing, colour options and sizes.
LLP – limited liability partnership. In this type of partnership, partners bear no personal liability for negligent acts committed by other partners, or by employees not under their direct control.
logo – name, symbol or trademark designed for easy and definite recognition.
lookbook – marketing tool showing photographs of every garment in a collection.

made-to-measure – garment fitted to the customer's size.
margin – net sales minus the cost of goods and services sold.
mark-up – amount added to a cost price in calculating selling price.
mass market fashion – ready-to-wear clothes produced in large quantities and standard sizes using cheaper materials.
m-commerce – commercial transactions conducted via mobile phone.
memorandum of association – details a company submits to the Registrar of Companies with its articles of association, including company name, registered address, objectives, authorized share capital and statement of limited liability.
minimums – smallest amount of goods a seller will allow a buyer to purchase.
model release form – contract establishing the permitted use of a model's image.
moodboard – sketches, colours, images, ideas used as the starting point for designs and collections.
motif – sewn or printed decoration synonymous with a brand.

native advertising – advertising, mostly online, that matches the form and function of the platform upon which it appears.
net profit – how much money a company has earned from its business over the course of a year.
net sales – sales generated by a company after the deduction of returns, allowances for damaged or missing goods and any discounts allowed.
net terms – period of credit before payment is due.

offer – a designer's product range.
overhead – ongoing administrative expense of a business, not attributed to any specific business activity, but still necessary for the business to function; also known as an indirect cost.

PDS – pattern design software, used to electronically cut and grade patterns.
perceived value – market-based approach to pricing, where the price is set by estimating potential consumers' perceptions of the value of the product.
PLC – public limited company, the standard legal form for a limited liability public company in the UK.
pre-collection – delivered months ahead of a designer's main catwalk ranges, a preview of the new season's looks.
press book – folder for press cuttings.
press pack – collection of public relations material for distribution to the press.
press release – announcement of an event, performance or other newsworthy item issued to the press.
prêt-à-porter – ready-to-wear clothing.
price architecture – framework in which a product is costed.
price point – standard price set by the seller for a product.
product portfolio – set of different products a fashion label makes.
pro forma – invoice presented for payment of goods prior to their dispatch.

range depth – the number of styles offered in a range.
range plan – detailed structure of a designer's collection prior to development of samples.
range width – the number of colour options for each style.
ranges – styles and collections.
ready-to-wear – clothing marketed in a finished condition, in standard clothing sizes.
retail – sale of goods directly to the consumer.
RRP – recommended retail price.
runway – another term for catwalk.

samples – first versions of a design.
search engine marketing – online marketing that involves the promotion of websites by increasing their visibility in search engine results pages, primarily through paid advertising.
seasons – autumn/winter and spring/summer styles and collections.
sell-through rate – percentage of stock sold prior to mark-downs.
shelf-life – time a product can be kept in-store.
show card – card-mounted press clipping.
SKU – stock-keeping unit.
smart fabrics – fabrics with digital components such as a battery and a light, and electronics, embedded in them.
social selling – developing relationships as part of a sales strategy via social networks such as Instagram, LinkedIn, Twitter, Facebook, and Pinterest; can take place either online or offline.
sourcing – researching, finding and obtaining materials, trimmings and finished garments.
speciality store – store selling only one type of merchandise.
specification drawing/spec – technical drawing showing all measurements of a product.
specification sheet – document including specification drawing, listing all the relevant components needed to make up a first sample.
split delivery – order delivered in more than one batch.
story – mood and direction of your collection.
storyboard – summary of your collection's inspiration and theme.
supply chain – system of organizing people, activities, information and resources to get product from manufacturer to customer.
swing ticket – tag put on products showing price, size and designer's logo/motif.

tear sheet – page cut or torn from a magazine, newspaper or journal.
termination clause – provision in a contract that allows for its termination under specified circumstances.
territory – a specified geographical area or market.
toile – first made-up version of a garment in a cheap fabric.
trans-seasonal fashion – dressing for unpredictable weather and changing temperatures. A movement away from strict summer and winter collections to product that can be worn all year round.
trial balloon – a test of public opinion.
turnover – total sales made in a given period of time.

unit price – cost or price of an item.
USP – unique selling point.

wholesale – selling product to a retailer who sells on at a higher price.
working capital – cash available for day-to-day operations.

索引（Index）

Figures in *italics* refer to captions, figures in **bold** refer to case studies

图片版权声明（*Picture Credits*）

Page 6 Courtesy FARM / Page 10 Jonas Gustavaaon/Sipa/REX/Shutterstock / Page 13 left Pixelformula/SIPA/REX/Shutterstock / Page 13 right Rachel Murray/Getty Images / Page 15 Richard Isaac/REX/Shutterstock / Page 16 Cem Ozdel/Anadolu Agency/Getty Images / Page 19 Courtesy Everlane / Page 20 Derek Henderson / Page 23 Courtesy Zara / Page 27 all courtesy AWAYTOMARS / Page 28 Tetra Images/Getty Images / Page 37 all courtesy ADAY / Page 38 Courtesy Olivia Burton / Page 42 Courtesy Knomo / Page 47 Courtesy Knomo / Page 48 Tim Graham/Alamy / Page 51 PSC Photography / Page 54 Simon Walsh / Page 59 all courtesy FARM / Page 60 Maskot/Getty Images / Page 62 Willie B. Thomas/Getty Images / Page 66 Hero Images/Getty Images / Page 69 all Derek Henderson / Page 70 David Hardy / Page 73 Courtesy Schumacher / Page 75 London College of Fashion / Page 77 Jonathan Ford/Mood Board/REX/Shutterstock / Page 81 all courtesy FFM Dubai / Page 82 Photography from Pure London at London Olympia (www.purelondon.com) / Page 85 Courtesy Magic International / Page 87 Courtesy AWAYTOMARS / Page 88 Courtesy Knomo / Page 91 all Anne Fontaine/Satoru Umetsu – Nacasa & Partners / Page 92 Ian Langsdone/EPA-EFE/REX/Shutterstock / Page 95 Courtesy Noir / Page 98 Justin Kase Zflvez/Alamy / Page 99 Courtesy Revolve / Page 100 Courtesy The Sartorialist / Page 103 all courtesy Schumacher / Page 104 Harrods/www.prshots.com / Page 107 Courtesy AWAYTOMARS / Page 108 Ed Reeve/VIEW/REX/Shutterstock / Page 110 Sarymsakov Andrey/Shutterstock / Page 113 Courtesy TOMS / Pages 115–116 Courtesy The Goods Department / Page 118 David Hardy / Page 122 all Belle and Bunty / Page 123 Three's Company (Creative Consultants) Ltd. / Page 124 Kevan Tomlin / Page 125 Jacob Lund/Shutterstock / Page 127 Courtesy Picture Organic Clothing / Page 130 Courtesy Making / Page 131 Courtesy Fairtrade Foundation / Pages 134–135 Sam Scott Hunter / Pages 136 and 139 Courtesy Magic International / Page 140 Antony Nettle/Alamy / Page 141 AKAstudio – collective / Page 145 Steve Vidler/Alamy / Page 151 Harrods/www.prshots.com / Page 153 Grant Rooney/Alamy / Page 156 Courtesy Alice and Olivia / Page 158 Courtesy FarFetch / Pages 160–162 all courtesy Picture Organic Clothing / Page 164 Courtesy FARM / Page 167 Courtesy L.K. Bennett / Page 169 GPointStudio/Getty Images / Page 172 PSC Photography / Page 175 Courtesy Sophia Webster / Page 177 Courtesy Triangl / Page 179 Giovanni Giannoni/WWD/REX/Shutterstock / Page 181 Courtesy adidas Originals/FARM / Page 185 Andrew H. Walker/Getty Images / Page 186 Courtesy Facebook / Page 189–191 all courtesy Olivia Burton / Pages 192–193 Courtesy Soulland / Page 194 Courtesy ADAY / Page 198 Courtesy Kickstarter / Page 199 Courtesy The Goods Department / Page 201 PSC Photography / Pages 214–215 Courtesy Caroline Charles / Pages 216–217 Courtesy VETTA.

致谢（*Acknowledgements*）

My special thanks go to:

My publisher Laurence King, in particular Helen Rochester for seeing the potential for the book and commissioning it and Anne Townley, Melissa Danny, Sophie Drysdale and Clare Double for their experience, patience and perseverance in seeing me through the first, second and third editions of this book.

Howard Harrison, Benoit Rescue and Alastair Hops at Knomo, Caroline Charles, Karen Walker, Dorothee Schumacher, Anne Fontaine, Christopher Raeburn, Cara Bartlett and Vanessa van Zyl at VETTA, Alfredo Orboio at AWAYTOMARS, Nina Faulhaber and Meg He at ADAY, Katia Barros and Marcello Bastos at FARM, Fatma AlMullah at FMM Dubai, Cynthia Wirjono and Chris Kerrigan at The Goods Dept., Julian Durant, Jérémy Rochette and Vincent André at Picture Organic Clothing, Lesa Bennett and Jemma Fennings at Olivia Burton, and Silas Adler at Soulland for all agreeing to be case studies and sharing their invaluable experiences. Also Rupert Shreeve, Ian Moore, Matthew Drinkwater, Renée Cuoco, Mark Norden, Malcolm Crews, Rikard Osterlund, Simon Assirati, Niki Turner, Suzanna Crabb, Kat and Oz Aalam, Ravi Mattu, Appear Here and James Vanderzee for their contributions and authoritative views.

David Hardy, Malcolm Crews, James Thompson, Trever Hoehne, Christina Smith, Anna Millhouse and Rebecca Munro at London College of Fashion and Marisa de Saracho at Magic International for their support with the visual content of the book.

My Belle & Bunty business partners Alice Shreeve and Hannah Coniam and my co-consultant on so many trips Sanjeev Davidson for their constant support and inspiration.

I'd also like to thank Wendy Malem, Linda Roberts, Barbara Bell, the whole Centre for Fashion Enterprise and London College of Fashion short courses teams for continuing to give me the opportunities to travel the world and meet with just some of the incredibly exciting design and entrepreneurial talent that exists out there.

Lastly I would like to give a big thank you to all my family and friends and especially my incredibly talented and supportive wife Alice and my daughters Mae and Darcey, to whom I continue to dedicate this book.